Creative Communities

Christa Seja · Jessica Narten

Creative Communities

Ein Erfolgsinstrument für
Innovationen und Kundenbindung

Christa Seja
Hannover, Deutschland

Jessica Narten
Hannover, Deutschland

ISBN 978-3-658-14817-1   ISBN 978-3-658-14818-8 (eBook)
DOI 10.1007/978-3-658-14818-8

Die Deutsche Nationalbibliothek verzeichnet diese Publikation in der Deutschen National-bibliografie; detaillierte bibliografische Daten sind im Internet über http://dnb.d-nb.de abrufbar.

Springer Gabler
© Springer Fachmedien Wiesbaden GmbH 2017
Das Werk einschließlich aller seiner Teile ist urheberrechtlich geschützt. Jede Verwertung, die nicht ausdrücklich vom Urheberrechtsgesetz zugelassen ist, bedarf der vorherigen Zustimmung des Verlags. Das gilt insbesondere für Vervielfältigungen, Bearbeitungen, Übersetzungen, Mikroverfilmungen und die Einspeicherung und Verarbeitung in elektronischen Systemen.
Die Wiedergabe von Gebrauchsnamen, Handelsnamen, Warenbezeichnungen usw. in diesem Werk berechtigt auch ohne besondere Kennzeichnung nicht zu der Annahme, dass solche Namen im Sinne der Warenzeichen- und Markenschutz-Gesetzgebung als frei zu betrachten wären und daher von jedermann benutzt werden dürften.
Der Verlag, die Autoren und die Herausgeber gehen davon aus, dass die Angaben und Informa-tionen in diesem Werk zum Zeitpunkt der Veröffentlichung vollständig und korrekt sind. Weder der Verlag noch die Autoren oder die Herausgeber übernehmen, ausdrücklich oder implizit, Gewähr für den Inhalt des Werkes, etwaige Fehler oder Äußerungen.

Gedruckt auf säurefreiem und chlorfrei gebleichtem Papier

Springer Gabler ist Teil von Springer Nature
Die eingetragene Gesellschaft ist Springer Fachmedien Wiesbaden GmbH
Die Anschrift der Gesellschaft ist: Abraham-Lincoln-Str. 46, 65189 Wiesbaden, Germany

Vorwort

Was macht Unternehmen bei stetig steigendem Wettbewerbsdruck der Märkte erfolgreich? Aus Marketingsicht sind innovative Produkte sowie Dienstleistungen einerseits und eine möglichst intensive Kundenbindung andererseits, wichtige Erfolgstreiber für Unternehmen. Diese gilt es zu verbinden, um mit den neuen Kommunikations- und Internettechnologien den Unternehmen einen direkten Kundenkontakt zu eröffnen.

Welche neuen internetbasierten Instrumente stehen nun Unternehmen zur Verfügung, um innovative Ideen für kundenspezifische Produkte zu gewinnen und gleichzeitig die Kundenbindung zu erhöhen? Diese Frage bildete den Ausgangspunkt des Buches. Dabei rückten Creative Communities in den Fokus, stellen sie doch eine spezielle Form der Kundenintegration in der frühen Phase des Innovationsprozesses von Unternehmen dar. Durch diese virtuellen Communities können auf Internetplattformen Innovationsideen von einer Vielzahl von Kunden generiert und gemeinschaftlich weiterentwickelt werden. Sie liefern den Unternehmen nicht nur wichtige Innovationsimpulse, sondern ermöglichen es auch, Kundenbedürfnisse frühzeitig zu identifizieren und die Produktentwicklung an den spezifischen Bedürfnissen der Kunden auszurichten.

Die Creative Communities theoretisch zu beleuchten, die bereits existierenden Formen zu analysieren sowie die für die Praxis relevanten Erfolgsfaktoren zu erkennen und zu optimieren, bildeten somit interessante Herausforderungen für das vorliegende Buch.

Eine vergleichende Analyse aktueller Formen bestehender Creative Communities gewährt nicht nur erste interessante Einblicke, sondern lässt bereits deutliche Unterschiede in der Praxis erkennen. Die vertiefende Best-Practice-Analyse nach dem Kano-Modell ermöglicht es, die Faktoren und deren konkrete Ausgestaltung zu identifizieren, die Unternehmen beachten sollten, wenn sie das Instrument der Creative Communities erfolgreich für sich nutzen wollen.

Neueste Erkenntnisse der noch jungen Disziplin der Neurowissenschaften erlauben Einblicke in die Denk- und Verhaltensstrukturen der Kunden und liefern vielversprechende Hilfestellungen sowie konkrete Empfehlungen für Unternehmen zur praktischen Gestaltung von Creative Communities.

Handlungsempfehlungen aus der Sicht eines Creative-Community-Betreibers bieten wertvolle Einblicke. Zwei aktuelle Case Studies ermöglichen es dem Leser zudem, Creative Communities in Unternehmen praxisnah zu „erleben". Sie geben Hinweise für die erfolgreiche Umsetzung und die daraus resultierenden „Lessons Learned".

Dieses Buch richtet sich an Unternehmen, die Creative Communities als Instrument zur Ideengewinnung und Kundenbindung einsetzen möchten, und gibt ihnen vielfältige Handlungsempfehlungen an die Hand, um sie zu etablieren. Zudem ist es für Marketingexperten und -studierende interessant, die sich über den Einsatz von Creative Communities als Kundenbindungsinstrument sowie Innovationstreiber theoretisch und praxisnah informieren möchten.

Besonders danken möchten wir Herrn Dr. Reinhard Willfort, CEO der isn – innovation service network GmbH, der mit seiner praxisorientierten Fachexpertise und den beiden Case Studies wichtige Beiträge leistete. Unser Dank gilt auch der Lektorin des Springer Gabler Verlages, Frau Angela Meffert, die die Entstehung des Buches so engagiert begleitet hat.

Hannover, im August 2016   *Christa Seja und Jessica Narten*

Inhaltsverzeichnis

Vorwort V
Inhaltsverzeichnis VII
Abkürzungsverzeichnis IX
Abbildungs- und Tabellenverzeichnis XI

1	**Einleitung** 1	
2	**Grundlagen der Creative Communities** 3	
2.1	Innovationen in Unternehmen als Erfolgstreiber 3	
2.1.1	Open Innovation und Kundenintegration 5	
2.1.2	Kundenintegration in den Phasen des Innovationsprozesses 8	
2.2	Creative Communities und Innovation 10	
2.2.1	Grundkonzept von Creative Communities 10	
2.2.2	Ziele und Zielgruppen 12	
2.3	Creative Communities und Kundenbindung 18	
2.3.1	Grundlagen der Kundenbindung 18	
2.3.2	Creative Communities im Marketing-Mix zur Kundenbindung ... 22	
2.4	Arten von Creative Communities 24	
3	**Erfolgsfaktoren für die Gestaltung von Creative Communities** 27	
3.1	Vergleichende Analyse von Creative Communities 27	
3.1.1	Kurzvorstellung der untersuchten Creative Communities 27	
3.1.2	Kriterien zur Gestaltung von kundenorientierten Creative Communities 36	
3.1.3	Vergleichsergebnisse und Bewertung 41	
3.2	Erfolgsfaktoren nach dem Kano-Modell 46	
3.2.1	Grundlagen des Kano-Modells 46	
3.2.2	Basisfaktoren 49	
3.2.3	Leistungsfaktoren 51	
3.2.4	Begeisterungsfaktoren 53

3.3	Erfolgsfaktoren nach neurowissenschaftlichen Erkenntnissen	56
3.3.1	Neurowissenschaftliche Grundlagen	56
3.3.2	Intensivierung „belohnender" Impulse	62
3.3.3	Reduzierung „bestrafender" Impulse	78
3.3.4	Optimierung von moderierenden Faktoren	80

4 Handlungsempfehlungen für Unternehmen 87
Reinhard Willfort

4.1	Vorbereitungen im Unternehmen	88
4.2	Auswahl der Plattform	90
4.3	Durchführung und Gestaltung	92
4.4	Case Studies zu Creative Communities	97
4.4.1	Ideen-Community „innovatüv"	97

Reinhard Willfort und Christoph Schwald

4.4.2	Open-Innovation-Initiative der BECK Fastener Group	106

Reinhard Willfort

5 Zukunftsperspektiven 115

Anhang 117

Literatur 121

Abkürzungsverzeichnis

AGB	Allgemeine Geschäftsbedingungen
AU	Österreich
B2C	Business-to-Consumer
bspw.	beispielsweise
bzw.	beziehungsweise
C&D	*Connect&Develop*
ca.	circa
CC/s	Creative Community/ies
CH	Schweiz
D	Deutschland
Dipl.-Ing.	Diplom-Ingenieur
d.h.	das heißt
eRFP	Electronic Request for Proposal
et al.	et alii
etc.	et cetera
evtl.	eventuell
F&E	Forschung und Entwicklung
FAQ	Frequently Asked Questions
fMRT	Funktionelle Magnetresonanztomografie
ggf.	gegebenenfalls
i.d.R.	in der Regel
Inc.	Incorporated
inkl.	inklusive
IT	Informationstechnologie
k.A.	keine Angabe möglich
NASA	National Aeronautics and Space Administration
o.J.	ohne Jahresangabe
OEM	Original Equipment Manufacturer
P&G	*Procter & Gamble Company*
RTP	Reduction-to-Practice

sog.	sogenannte/r/n
u.a.	unter anderem
u.Ä.	und Ähnliches
USA	United States of America
v.a.	vor allem
vgl.	vergleiche
WOM	Word-of-Mouth
z.B.	zum Beispiel

Abbildungs- und Tabellenverzeichnis

Abbildung 2.1   Mögliche Ideenquellen für Innovationen 4
Abbildung 2.2   Verschiedene Stufen der Integration mit Kundenaufgaben 8
Abbildung 2.3   Kundenintegrationsmöglichkeiten im Innovationsprozess 9
Abbildung 2.4   Ablauf eines Projektes in einer Creative Community 11
Abbildung 2.5   Teilnehmer von Creative Communities 13
Abbildung 2.6   Fan-Portfolio 15
Abbildung 2.7   Durchschnittliche Verteilung der Kundentypen
                im B2C-Markt 17
Abbildung 2.8   Fans als engagierte Unterstützer von Unternehmen 18
Abbildung 2.9   Phasenmodell der Kundenbindung 20
Abbildung 2.10 Treiber der Kundenbindung 21
Abbildung 2.11 Arten von Creative Communities im Konsumgütermarkt 25
Abbildung 3.1   Skalenwerte für die Community-Bewertung 42
Abbildung 3.2   Ausprägung der Kriterien von Creative Communities 43
Abbildung 3.3   Das Kano-Modell der Zufriedenheit 48
Abbildung 3.4   Ideencoach Neurovation 55
Abbildung 3.5   Zentrale Bereiche des Gehirns 58
Abbildung 3.6   Überblick über das limbische System mit wichtigen
                Funktionen 58
Abbildung 3.7   Vereinfachtes Modell der neuronalen Mechanismen
                bei Kaufentscheidungen 62
Abbildung 3.8   Vereinfachter Prozess der Motivation in einer
                Creative Community 64
Abbildung 3.9   Die wichtigsten Motivsysteme im Gehirn – Überblick 65
Abbildung 3.10 Ausprägungen von Motivsystemen 66
Abbildung 3.11 Limbic® Map – Überblick 67
Abbildung 3.12 Beziehung von Erfolgsfaktoren auf Basis des
                Kano-Modells und neurowissenschaftlicher Erkenntnisse ... 71
Abbildung 3.13 Communitybereich Neurovation mit
                Interaktionsmöglichkeiten 72
Abbildung 3.14 Filterfunktion des Communitybereiches von Neurovation 73
Abbildung 3.15 T-Shirts der Community von atizo.com 74

Abbildung 3.16 Level Informationen zum Punkte- und Levelsystem
von Neurovation 75
Abbildung 3.17 Punkte- und Levelsystem von Neurovation 77
Abbildung 3.18 Rankings der Teilnehmer in der Community von atizo.com ... 78
Abbildung 3.19 Moderator auf Neurovation – Der Ideencoach 82
Abbildung 3.20 Überblick über die Erfolgsfaktoren von
Creative Communities nach neurowissenschaftlichen
Erkenntnissen 85
Abbildung 4.1 Crowdsourcing-Prozess am Beispiel der
Neurovation Plattform 92
Abbildung 4.2 Beispiel zur Ideenbewertung auf Neurovation 93
Abbildung 4.3 Innovationsprozess der TÜV AUSTRIA Group 99
Abbildung 4.4 Das Maskottchen von innovatüv 100
Abbildung 4.5 Ideen-Plattform innovatüv – I 102
Abbildung 4.6 Ideen-Plattform innovatüv – II 103
Abbildung 4.7 Ablauf und Resultate der initialen Ideeninitiative
auf innovatüv 104
Abbildung 4.8 Lessons Learned – Kritische Erfolgsfaktoren zur
Einführung von Ideen-Communities 106
Abbildung 4.9 BECK Fastener Group: Herausforderungen und
Lösungen in der Verbindungstechnik 107

Tabelle 2.1 Verschiedene Ausprägungen der Kundenintegration 7
Tabelle 2.2 Marketinginstrumente zur Kundenbindung 22
Tabelle 3.1 Ergebnisse der Literaturrecherche 28
Tabelle 3.2 Ergebnisse der Onlinerecherche 29
Tabelle 3.3 Gegenüberstellung der untersuchten Creative Communities 35
Tabelle 3.4 Kriterien zur Gestaltung von kundenorientierten
Creative Communities 40
Tabelle 3.5 Basisanforderungen von Creative Communities mit
konkreten Ausgestaltungsbeispielen 51
Tabelle 3.6 Leistungsanforderungen von Creative Communities mit
konkreten Ausgestaltungsbeispielen 52

Tabelle 3.7	Begeisterungsanforderungen von Creative Communities mit konkreten Ausgestaltungsbeispielen	54
Tabelle 4.1	InnovationCamp© – Fragestellungen	89
Tabelle 4.2	Grundlagen der Moderation und Verhaltenshinweise	96
Tabelle 4.3	Lösungsanspruch der Problemstellung	110

1 Einleitung

Unternehmen sehen sich in fast allen Branchen zunehmend mit zentralen Herausforderungen konfrontiert: steigende Wettbewerbsintensität, kürzere Produktlebenszyklen sowie zunehmender Kostendruck einerseits und sinkende Kundenloyalität andererseits. Diese Situation führt dazu, dass Unternehmen kontinuierlich neue Ansätze suchen, um ihre Marktposition zu verbessern und gleichzeitig die Attraktivität ihrer Produkte und Dienstleistungen aus Kundensicht zu erhöhen.

Das Konzept der Creative Communities bietet den Unternehmen eine Lösung für beide Herausforderungen, da dieses Konzept sowohl ihre Innovationsfähigkeit stärken als auch die Kundenbindung intensivieren kann.

Creative Communities ermöglichen es den Unternehmen, im Rahmen des Crowdsourcings die Kreativität ihrer Kunden online abzuschöpfen und für interne Zwecke zu nutzen. So gewinnen Unternehmen in den frühen Phasen des Innovationsprozesses wertvolle Lösungs- und Bedürfnisinformationen ihrer Kunden. Durch den kollaborativen Austausch wird das Wissen von Vielen (der „Crowd") genutzt, werden Ideen über die Community weiterentwickelt und angereichert, wodurch qualitativ bessere Ideen entstehen. Eine große Anzahl an potenziellen Innovatoren kann dadurch online zeit- und ortsunabhängig angesprochen werden.

Mithilfe der Creative Communities werden nicht nur wertvolle Ideen generiert, sondern es wird auch eine intensive Kundenbindung aufgebaut. Durch Produkte, die an den Bedürfnissen des Kunden ausgerichtet sind und die spezifische Wünsche des Kunden besser erfüllen als der Wettbewerb, können Unternehmen eine langfristige Kundenbindung erreichen. Der Kunde wird durch diese Form der Kundenintegration vom passiven Konsumenten zum aktiven Mitgestalter.

Creative Communities als Instrument der Kundenintegration sind in der Praxis, insbesondere in der IT-Branche, bereits weit verbreitet und finden auch in der Literatur starke Beachtung.[1] Anders ist es in Bezug auf den Konsumgütermarkt. Hier gewinnt die Kundenintegration trotz ihrer vielversprechenden Potenziale bislang nur wenig Aufmerksamkeit.[2] Begründet werden kann dies durch die Besonderheiten des Marktes für Konsumgüter. So weist der Konsumgütermarkt Strukturen von Massenmärkten auf, mit einer großen Anzahl anonymer Kunden

---

[1] Vgl. Hofbauer, G., Customer Integration, 2013, S. 1ff.; vgl. Ternès, A. et al., Konsumentenverhalten im Zeitalter der Mass Customization, 2015, S. 13ff.
[2] Vgl. Bretschneider, U., Ideen-Community zur Kundenintegration, 2012, S. 221.

und somit einer erschwerten persönlichen Kommunikation zwischen Unternehmen und Kunden.[3]

Das vorliegende Buch analysiert aus diesem Grunde Creative Communities als eine in der Literatur für Konsumgüter bisher noch wenig behandelte Form der Kundenintegration und stellt ihren Beitrag zur Unterstützung des Innovationsprozesses einerseits sowie zur Erhöhung der Kundenbindung andererseits dar.

Im folgenden Kapitel 2 wird die besondere Stellung von Creative Communities für Innovationen und Kundenbindung beleuchtet. Durch eine systematische Untersuchung bereits bestehender Communities werden anschließend in Kapitel 3 zunächst Best-Practice-Ansätze identifiziert. Diese stellen die Basis dar, um die Erfolgsfaktoren zur Gestaltung zu analysieren (Kapitel 3.1). Auf der Grundlage des Kano-Modells wird dann ermittelt, welche Faktoren in welchen Ausprägungsformen in der Lage sind, einen besonderen Erfolgsbeitrag zu leisten (Kapitel 3.2). Die Einbeziehung neuester neurowissenschaftlicher Erkenntnisse gibt weitere fundierte Ansatzpunkte zur optimalen Gestaltung von Creative Communities (Kapitel 3.3).

Das Kapitel 4 konzentriert sich auf konkrete Handlungsempfehlungen aus der Praxis für diejenigen Unternehmen, die Creative Communities zur Lösung konkreter Aufgabestellungen erfolgreich einsetzen möchten. Neben den praxisbezogenen grundsätzlichen Empfehlungen rücken dabei zwei Case Studies in den Mittelpunkt. Diese zeigen auf, wie die bestehenden Herausforderungen beim Einsatz von Creative Communities erfolgreich gemeistert werden können.

Ein Ausblick auf die zukünftigen Entwicklungspotenziale von Creative Communities bildet in Kapitel 5 den Abschluss des Buches.

---

[3] Vgl. Bruhn, M., Marketing, 2014, S. 33f.; vgl. Bruhn, M., Relationship Marketing, 2016, S. 347f.; vgl. Fabel, N., Kundenintegration im Marketing-Mix von Konsumgütern, 2014, S. 114f.; vgl. Meffert, H. et al., Marketing, 2015, S. 24f.; vgl. Pepels, W., Käuferverhalten, 2013, S. 27.

2 Grundlagen der Creative Communities

2.1 Innovationen in Unternehmen als Erfolgstreiber

Innovationen werden mehr und mehr zum entscheidenden Wettbewerbsfaktor für Unternehmen.[4] In den westlichen Industrieländern können Unternehmen ihre internationale Wettbewerbsfähigkeit nur durch Innovationen sichern.[5]

In der Unternehmenspraxis finden sich unterschiedliche Vorgehensweisen, um Innovationen zu generieren. Nach dem Grad der Integration externen Wissens können grundsätzlich drei Formen unterschieden werden: die **geschlossene Innovation (Closed Innovation)**, die **halb offene (Semi Open Innovation)** und die **offene (Open Innovation)**.[6] Die Unternehmen nutzen für unterschiedliche Fragestellungen verschiedene Formen, die sich somit durchaus überschneiden können. **Geschlossene Innovationen** schließen externe Quellen als Ideengeber aus. Hier werden bspw. Markt- und Kundeninformationen über die Marketing- und Vertriebsmitarbeiter, durch Wettbewerbsbeobachtungen, Mitarbeitergespräche oder betriebliches Vorschlagswesen genutzt, um neue Ideen zu gewinnen.[7] Bei den **halb offenen Innovationen** werden Kunden z.B. durch Kreativitäts-Workshops in den Prozess einbezogen. Ein weiterer Schritt ist die Einladung zu Veranstaltungen und Vorführungen, wie z.B. Prototyping, Pilotierung und Tests.[8]

Unter **Open Innovation** ist die Zusammenarbeit „[…] zwischen Unternehmen und externen Marktteilnehmern […] zum Zwecke gemeinsamer Wertschöpfungsaktivitäten im Innovationsprozess"[9] zu verstehen. Dabei öffnet sich das Unternehmen nach außen und ergänzt vorhandenes internes Wissen durch ex-

---

[4] Vgl. Bedenk, S., Stich, A., Innovation mit Kunden, 2015, S. 76; vgl. Blohm, I., Open Innovation Communities, 2013, S. 1.
[5] Vgl. Meffert, H., et al., Marketing, 2015, S. 371.
[6] Vgl. Noé, M., Innovation 2.0, 2013, S. 21ff.
[7] Vgl. Johnson, G. et al., Strategisches Management, 2011, S. 409.
[8] Vgl. Noé, M., Innovation 2.0, 2013, S. 22.
[9] Seja, C., Empfehlungserfolge, 2012, S. 107.

terne Quellen.[10] Die Quellen für diese Form der Innovationen sind vielseitig. So können bspw. Forschungseinrichtungen, Wettbewerber, Lieferanten und Zulieferer, Universitäten, Experten oder auch Kunden als Ideenquelle für Weiterentwicklungen oder Neuheiten dienen.[11]

Die Abbildung 2.1 verdeutlicht den Begriff der Open Innovation mit möglichen Innovationsquellen für Unternehmen.

Abbildung 2.1 Mögliche Ideenquellen für Innovationen

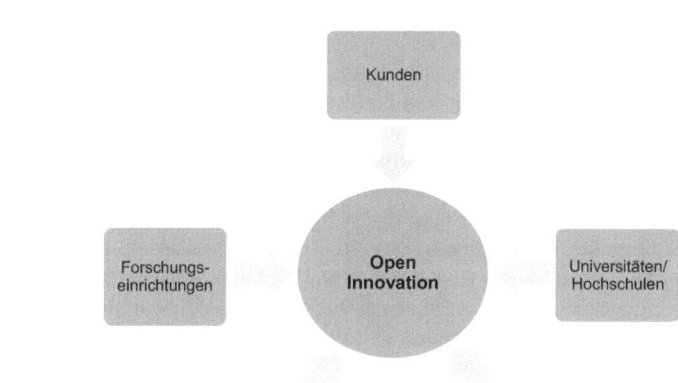

Quelle: Eigene Darstellung.

Durch Open Innovation erreichen neue, frische Ideen von Kunden oder anderen Stakeholdern das Unternehmen, es wird gemeinsam an Ideen gearbeitet und diese werden weiterentwickelt. Durch die größere Informationsbasis für Unternehmen werden Produktflops und Fehlentscheidungen verringert, wodurch es häufig gelingt, finanzielle Ressourcen einzusparen und interne Prozesse zu optimie-

---

[10] Vgl. Lange, C., Kunde als Partner, 2014, S. 16; vgl. Pelzer, C., Burgard, N., Co-Economy, 2014, S. 29.
[11] Vgl. Böckermann, F., Customer Knowledge Management, 2013, S. 30; vgl. Großklaus, R. H. G., Von der Produktidee zum Markterfolg, 2014, S. 3; vgl. Wagner, P. A., Open Innovation, 2013, Onlinequelle, S. 74.

ren.[12] In diesem Zusammenhang wird auch von Crowdsourcing gesprochen. Unter **Crowdsourcing** versteht man „[...] die Einbindung externer Intelligenz und Arbeitskraft der ‚breiten Masse' [...]"[13], z.B. bei der Suche und Entwicklung von Produktinnovationen. Der Begriff setzt sich aus den Wörtern „Crowd" und „Outsourcing" zusammen und beinhaltet die „[...] Weiterentwicklung klassischer Formen arbeitsteiliger Wertschöpfung in Netzwerken (‚Outsourcing') zu offenen Modellen der Zusammenarbeit mit einer Masse (‚crowd') an Beitragenden"[14].

Durch Crowdsourcing wird somit die „breite Masse" angesprochen und deren Intelligenz genutzt, weshalb dafür auch der Begriff der „Schwarmintelligenz" Anwendung findet.[15]

2.1.1 Open Innovation und Kundenintegration

Den Kunden kommt im Rahmen der Open Innovation eine zentrale Bedeutung zu.[16] Kunden sind heute aufgrund der modernen Informationstechnologie oft ebenso kompetent und informiert wie die Mitarbeiter der Unternehmen. Aus diesem Grund stellen das Wissen der Kunden, deren Erfahrungen und Meinungen attraktive Ressourcen für die Weiterentwicklungen von Produkten und Dienstleistungen dar. Diesen Ideen- und Kompetenzpool gilt es für die unternehmerische Entwicklung und Marktgestaltung zu nutzen, um dadurch Wettbewerbsvorteile zu erzielen.[17]

Auch jüngste Studien belegen, dass die Integration der Kunden zu vielversprechenden Verbesserungsansätzen in Unternehmen führt und eine zunehmend beliebte Praxismethode für Produktverbesserungen darstellt.[18]

Kundenintegration kann definiert werden als Einbindung der Nachfrager in die Leistungserstellung sowie die vor- oder nachgelagerten Aktivitäten eines Unter-

---

[12] Vgl. Lange, C., Der Kunde als aktiver Wertschöpfungs- und Innovationspartner, 2014, S. 20; vgl. Noé, M., Innovation 2.0, 2013, S. 23.
[13] Kreutzer, R. T., Praxisorientiertes Marketing, 2013, S. 232.
[14] Meffert, H. et al., Marketing, 2015, S. 382.
[15] Vgl. Holland, H., Hoffmann, P., Crowdsourcing-Kampagnen, 2014, S. 327; vgl. Pelzer, C., Burgard, N., Co-Economy, 2014, S. 47.
[16] Vgl. Trommsdorff, V., Steinhoff, F., Innovationsmarketing, 2013, S. 284.
[17] Vgl. Timpe, D., Ergebnis der Kundenintegration, 2014, S. 212; vgl. Bedenk, S., Stich, A., Innovation mit Kunden, 2015, S. 78; vgl. Büttgen, M., Kundenbindung durch Kundenintegration, 2013, S. 158.
[18] Vgl. hierzu z.B. Bundesverband Digitale Wirtschaft e.V., Innovationsmanagement, 2014, S. 15, Onlinequelle.

nehmens.[19] Dazu werden das Wissen, die Kreativität und sonstige Fähigkeiten der Kunden gefördert sowie genutzt, um bestehende Bedürfnisse der Kunden abzuschöpfen und auf dieser Grundlage kundenorientierte Leistungen zu entwickeln.[20] Die Grundannahme besteht darin, dass Ideen und Konzepte, die in ähnlicher Form von mehreren Kunden eingebracht werden oder von der Mehrheit der Kunden als positiv bewertet werden, auch ein hohes Akzeptanzpotenzial am Markt aufweisen.[21] Unter Wettbewerbsaspekten ist die Kundenintegration für Unternehmen nicht mehr nur ein freiwilliger Bestandteil, sondern es besteht sogar die Notwendigkeit, die sich ändernden Kundenbedürfnisse schneller zu erfassen und sofort darauf zu reagieren.[22]

Die Kundenintegration überträgt also Informationen, Ideen, Verbesserungsvorschläge etc. der Kunden in den Verfügungsbereich des Anbieters und erteilt den Kunden unternehmerische Teilaufgaben, wie z.b. Innovationsaktivitäten.[23] Die Rolle des klassisch konsumierenden Kunden wird durch diesen Vorgang grundlegend überholt und wandelt sich vom „[...] ‚finalen Wertempfänger zum aktiven Co-Wertschöpfer [...]"[24]. Der Kunde kann als Ideenlieferant, Mitgestalter, Informant, Kommunikator oder Qualitätsprüfer im Rahmen der Kundenintegration mitwirken.[25]

Die Integration der Kunden kann dabei offline oder online stattfinden, wobei v.a. die virtuelle Integration durch Internet-Technologien und Social Media den Unternehmen zunehmend mehr Möglichkeiten bieten, um einen Austausch mit Kunden „auf Augenhöhe" zu eröffnen.[26] Meinungen, Verbesserungen oder Ideen

---

[19] Vgl. Geigenmüller, A., Interaktionsqualität und Kundenintegrationsverhalten, 2012, S. 13.
[20] Vgl. Butzer-Strothmann, K. et al., Kundenintegration, 2014, S. 1.
[21] Vgl. Büttgen, M., Kundenbindung durch Kundenintegration, 2013, S. 163.
[22] Vgl. Ihl, C., Piller, F., Customer Co-Creation, 2010, S. 8.
[23] Vgl. Hofbauer, G., Customer Integration, 2013, S. 3; vgl. Ihl, C., Piller, F., Customer Co-Creation, 2010, S. 9.
[24] Butzer-Strothmann, K. et al., Kundenintegration, 2014, S. 1.
[25] Vgl. Kroeber-Riel, W., Gröppel-Klein, A., Konsumentenverhalten, 2013, S. 601; vgl. Meffert, H. et al., Marketing, 2015, S. 382ff; vgl. Noé, M., Innovation 2.0, 2013, S. 125ff.; vgl. Timpe, D., Ergebnis der Kundenintegration, 2014, S. 217.
[26] Vgl. Böckermann, F., Customer Knowledge Management, 2013, S. 83ff.; vgl. Bruhn M., Relationship Marketing, 2016, S. 207; vgl. Kroeber-Riel, W., Gröppel-Klein, A., Konsumentenverhalten, 2013, S. 149f.; vgl. Send, H., Schildhauer, T., Partizipationsstudie, 2014, S. 28; vgl. Vossen, A., Essays on External Ideation, 2013, S. 114; vgl. Ye, H. et al., Online Innovation Communities, 2012, S. 2.

Grundlagen der Creative Communities

werden online von den Kunden in Foren oder Communities geäußert, von anderen Kunden aufgenommen und weiterentwickelt.[27] Einen Überblick über die möglichen Ausprägungsformen der Kundenintegration gibt die Tabelle 2.1.

Tabelle 2.1 Verschiedene Ausprägungen der Kundenintegration

Kommunikationsformen zwischen Kunden und Unternehmen	offline, online, Mischformen
Dauer der Integration	selten, sporadisch, regelmäßig
Intensität der Integration	gering, mittel, hoch
Integrationsphasen im Leistungserstellungsprozess	Input, Wertschöpfung, Output
Denkbare Rollen des Kunden	Ressource (Ideen, Wissen) Produzent (eher Leistungsaktivitäten) Kommunikator (Empfehlung, Feedback)
Möglichkeiten zur Umsetzung	Ideenwettbewerbe Communities Kundenforen Marktforschung: Beobachtung, Befragung etc. Innovationszirkel
Aktivitätsniveaus	Design for (Kunde als Informationsgeber) Design with (Kunde als Entscheider) Design by (Kunde als Problemlöser)

Quelle: Eigene Darstellung in Anlehnung an: Hübner, L., Messung des Kundenintegrationsgrades, 2014, S. 69; vgl. Timpe, D., Ergebnis der Kundenintegration, 2014, S. 210; vgl. Hofbauer, G., Customer Integration, 2013, S. 18f.

---

[27] Vgl. Noé, M., Innovation 2.0, 2013, S. 22.

2.1.2 Kundenintegration in den Phasen des Innovationsprozesses

Die Integration der Kunden kann in den verschiedenen **Phasen des Innovationsprozesses** erfolgen: von der **frühen Phase** der Ideengenerierung, Vorauswahl und Produktkonzeption über die **mittlere Phase** der Produktentwicklung bis in die **späte Phase** der Vermarktung.[28] Zu beachten ist hierbei, dass mit fortschreitendem Prozess der Handlungsspielraum der Unternehmen zunehmend kleiner wird, weshalb bereits in der frühen Phase, insbesondere der Ideengenerierung, mit der Kundenintegration angesetzt werden sollte. Darauf können dann alle nachgelagerten Prozesse auf der Basis von Kundenmeinungen und -bedürfnissen aufbauen. Abbildung 2.2 zeigt die verschiedenen Integrationsstufen in den Innovationsprozess mit denkbaren Kundenrollen.

Abbildung 2.2 Verschiedene Stufen der Integration mit Kundenaufgaben

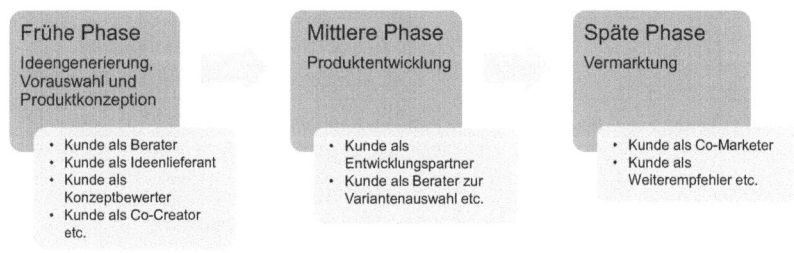

Quelle: Eigene Darstellung in Anlehnung an:
Büttgen, M., Kundenbindung durch Kundenintegration, 2013, S. 159;
vgl. Hofbauer, G., Customer Integration, 2013, S. 14.

Die verschiedenen Rollen der Kunden sind sehr vielschichtig, wobei Kunden auch mehrere Rollen zugleich ausüben können.[29] In der frühen Phase der **Ideengenerierung**, Vorauswahl und Produktkonzeption geht es darum, die Kreativität, das Wissen und die Erfahrungen der Kunden für Leistungsverbesserungen oder für die Produktentwicklung zu nutzen.[30] Das Unternehmen erhält eine

---

[28] Vgl. Butzer-Strothmann, K. et al., Kundenintegration, 2014, S. 5.
[29] Vgl. Büttgen, M., Kundenbindung durch Kundenintegration, 2013, S. 159.
[30] Vgl. Hofbauer, G., Customer Integration, 2013, S. 17.

Grundlagen der Creative Communities

wesentlich größere Ideenvielfalt, kann die Kreativität der Kunden nutzen, erhält frühes Kundenfeedback und erreicht im Idealfall eine starke Identifikation der Kunden mit dem Unternehmen.[31] Zudem findet in dieser Phase durch den Kunden als Berater eine **Vorauswahl** von Ideen und Produktvorschlägen statt. Im Rahmen der **Produktkonzeption** wird der Kunde als Co-Creator für die konkrete Konzeptbewertung eingesetzt, die auf Basis der Ideengenerierung erstellt wurde. Zudem dient der Input der Kunden hier zur Verfeinerung für weitergehende Konzeptentscheidungen. In der sich anschließenden **Produktentwicklungsphase** wird der Kunde zum Mitentwickler von Produkten und berät das Unternehmen bei der Auswahl verschiedener erarbeiteter Leistungsvariationen.[32] In der letzten, der **Vermarktungsphase**, soll der Kunde als „Botschafter" und Weiterempfehler für das neue Leistungsangebot fungieren. Diese Form der Vermarktung wird auch als „WOM-Project-Platforms" bezeichnet, weil im Mittelpunkt dieser internetbasierten Plattformen das Testen von Produkten und deren Weiterempfehlung (Word-of-Mouth, WOM) steht.[33] Typische Beispiele für derartige Plattformen sind *trnd*[34] und *Konsumgöttinnen*[35].

Abbildung 2.3   Kundenintegrationsmöglichkeiten im Innovationsprozess

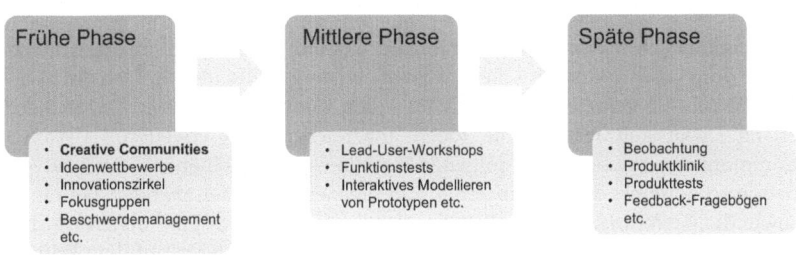

Quelle: Eigene Darstellung in Anlehnung an:
Blohm, I., Open Innovation Communities, 2013, S. 22ff.;
vgl. Bretschneider, U., Ideen-Community zur Kundenintegration, 2012, S. 21ff.;
vgl. Büttgen, M., Kundenbindung durch Kundenintegration, 2013, S. 163;
vgl. Hofbauer, G., Customer Integration, 2013, S. 17ff.

---

[31] Vgl. Hofbauer, G., Customer Integration, 2013, S. 14.
[32] Vgl. Hofbauer, G., Customer Integration, 2013, S. 17.
[33] Vgl. Seja, C., Empfehlungserfolge, 2012, S. 103f.
[34] Vgl. trnd AG, trnd Startseite, 2016, Onlinequelle.
[35] Vgl. Connected GmbH, Konsumgöttinnen Startseite, 2016, Onlinequelle.

Um die dargestellten Aufgaben in den verschiedenen Phasen des Innovationsprozesses erfüllen zu können, benötigen Unternehmen zu den verschiedensten Zeitpunkten im Innovationsprozess unterschiedliche Werkzeuge.

Creative Communities (CCs) werden neben anderen Instrumenten in der frühen Phase des Innovationsprozesses eingesetzt, wie die Abbildung 2.3 aufzeigt.

2.2 Creative Communities und Innovation

2.2.1 Grundkonzept von Creative Communities

Creative Communities als webbasierte Lösung werden definiert als „[…] ein von einem Unternehmen eingesetztes Instrument zur aktiven Integration von Kundenwissen in die frühen Phasen des Innovationsentwicklungsprozesses im Sinne des Open-Innovation-Paradigmas"[36]. Das Unternehmen bzw. ein Drittanbieter (Intermediär) stellt dabei eine virtuelle Community-Plattform zur Verfügung, auf der Kunden und Interessenten ihre Innovationsideen hochladen. Diese können von anderen Mitgliedern kommentiert und weiterentwickelt werden.[37]

Nutzergenerierte Inhalte (User Generated Content)[38] werden dabei gewonnen sowie durch die Community themenspezifisch dargestellt, und es wird die Möglichkeit des Austausches der Mitglieder in der Community geboten.[39] Durch die offene Diskussion werden die Ideen angereichert und erweitert.[40] Creative Communities umfassen i.d.R. folgende Funktionsmöglichkeiten: die Einsicht von Beiträgen anderer, das Modifizieren von eigenen und/oder fremden Beiträgen sowie die Bewertung fremder Beiträge. Von den genannten Funktionen werden in den CCs entweder eine oder mehrere geboten.[41] Sie basieren auf dem Prinzip der *Kollaboration*[42] und *Emergenz*[43], wodurch der Einzelne breitere Perspektiven

---

[36] Bretschneider, U., Ideen-Community zur Kundenintegration, 2012, S. 55.
[37] Vgl. Bretschneider, U., Ideen-Community zur Kundenintegration, 2012, S. 55.
[38] Vgl. Hess, T., User Generated Content, 2010, S. 33f.
[39] Vgl. Möller, M., Online-Kommunikationsverhalten von Multiplikatoren, 2011, S. 23.
[40] Vgl. Blohm, I., Open Innovation Communities, 2013, S. 30; vgl. Bretschneider, U., Ideen-Community zur Kundenintegration, 2012, S. 53.
[41] Vgl. Leimeister, J. M., Zogaj, S., Crowdsourcing, 2013, S. 67.
[42] *Mitarbeit bzw. Zusammenarbeit mehrerer Personen oder Gruppen.*
[43] *Spontane Herausbildung von neuen Eigenschaften oder Strukturen eines Systems infolge des Zusammenspiels seiner Elemente.*

Grundlagen der Creative Communities

entwickelt und durch vernetztes Denken kreativere Ergebnisse erzielt werden.[44] Der Begriff der Creative Communities kann synonym zu *Ideen-Communities, Communities of Creation* oder *Communities for Open Innovation* verwendet werden.[45]

Aus Sicht der Teilnehmer gestaltet sich der Ablauf eines Projektes auf einer Creative Community in folgenden Stufen (siehe Abbildung 2.4).

Abbildung 2.4 Ablauf eines Projektes in einer Creative Community

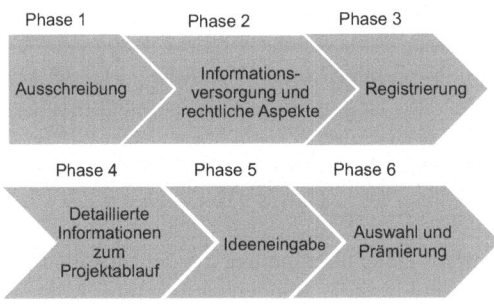

Quelle: Eigene Darstellung.

Meistens erfolgt die **Ausschreibung** in Form eines offenen Ideenwettbewerbes, bei dem die potenziellen Teilnehmer eingeladen werden, ihre Innovationsideen für Fragestellungen aus dem Produktumfeld des Unternehmens einzureichen.[46] Nach einer Ausschreibung, bei der die Teilnehmer über das Ideenprojekt beworben werden, erhalten sie alle relevanten **Informationen,** die u.a. auch **rechtliche Aspekte** wie Datenschutz und Schutz des geistigen Eigentums enthalten. Anschließend sind für die Teilnahme eine **Registrierung** und das Anlegen eines persönlichen Profils notwendig.[47] Die Teilnehmer erhalten umfangreiche **Informationen zum Projektablauf** und können im Anschluss zu den ausgeschriebenen Aktionen ihre Konzepte oder **Ideen einreichen** sowie „freie Ideen" ohne

---

[44] Vgl. Ye, H. et al., Online Innovation Communities, 2012, S. 12.
[45] Vgl. Lange, C., Kunde als Partner, 2014, S. 20., vgl. Möller, M., Online-Kommunikationsverhalten von Multiplikatoren, 2011, S. 24.
[46] Vgl. Leimeister, J. M., Zogaj, S., Crowdsourcing, 2013, S. 26.
[47] Vgl. Reichelt, J., Informationssuche und Online WOM, 2013, S. 20.

vorherige Ausschreibung äußern.[48] Diese sind danach i.d.R. den anderen Teilnehmern zugänglich und können kommentiert sowie weiterentwickelt werden. Nach Ablauf einer zuvor festgelegten Einreichungsfrist werden sie von einer Jury bestehend aus Unternehmensmitgliedern, Plattformbetreibern oder in einer offenen Diskussion bzw. einem anonymen Voting von Teilnehmern der Community bewertet, bevor die **Auswahl und Prämierung** der Gewinneridee/n stattfinden.[49] Zudem bestehen in Creative Communities i.d.R. weitere Kommunikationsmöglichkeiten für die Teilnehmer wie Chats, Foren, Newsletter oder Benachrichtigungssysteme.

2.2.2 Ziele und Zielgruppen

Creative Communities verfolgen unterschiedliche Ziele, die sich grundsätzlich einteilen lassen in:[50]

- **Strategieorientierte Ziele,** die die Generierung von Ideen für Innovationen und das frühzeitige Erkennen von Trends und Verbesserungspotenzialen umfassen

- **Kundenorientierte Ziele,** insbesondere die der Interaktion mit den Kunden und der daraus resultierenden Kundenbindung und Neukundenakquisition

- **Finanzorientierte Ziele,** wie z.B. die Umsatzsteigerung sowie Senkung von Entwicklungszeiten und -kosten von Produkten und Dienstleistungen

Die strategie- und kundenorientierten Ziele nehmen im Rahmen dieses Buches eine primäre Stellung ein, da durch CCs eine Interaktion mit den Kunden stattfindet, die einerseits Ideen für Innovationen ermöglicht, andererseits durch Beteiligung an der Community und die Schaffung besonderer emotionaler Erlebnisse zu einer Steigerung der Kundenbindung führt.[51] Die Erreichung beider Ziele wirkt sich dann in der Unternehmenspraxis besonders positiv auf die Finanzsituation der Unternehmen aus.

---

[48] Vgl. Vossen, A., Essays on External Ideation, 2013, S. 4ff.
[49] Vgl. Blohm, I., Open Innovation Communities, 2013, S. 25f.; vgl. Bretschneider, U., Ideen-Community zur Kundenintegration, 2012, S. 2; vgl. Leimeister, J. M., Zogaj, S., Crowdsourcing, 2013, S. 45.
[50] Vgl. Bedenk, S., Stich, A., Innovation mit Kunden, 2015, S. 78f.; vgl. Butzer-Strothmann, K. et al., Kundenintegration, 2014, S. 5; vgl. Großklaus, R. H. G., Von der Produktidee zum Markterfolg, 2014, S. 17; vgl. Lange, C., Kunde als Partner, 2014, S. 20.
[51] Vgl. Janczikowsky, S., Crowdsourcing, 2015, S. 26f.

Grundlagen der Creative Communities 13

Nicht alle Kunden eines Unternehmens sind dazu bereit, sich im Rahmen von Creative Communities an der Ideengenerierung zu beteiligen.[52] Kunden, die sich einbringen möchten, indem sie Innovationsprozesse aktiv und intensiv unterstützen, stellen insbesondere **Lead User, Meinungsführer und Fans** dar.[53] Sie werden dabei von vielschichtigen Motiven getrieben, die sich **in finanzielle, soziale und psychologische Motive** unterteilen lassen, wie Abbildung 2.5 zeigt.

Abbildung 2.5   Teilnehmer von Creative Communities

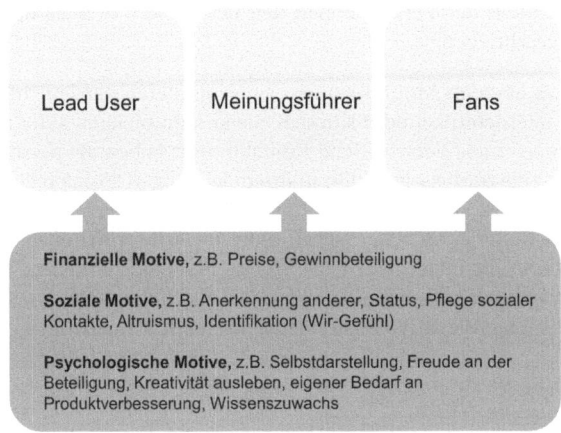

Quelle: Eigene Darstellung in Anlehnung an:
Bretschneider, U., Ideen-Community zur Kundenintegration, 2012, S. 116.ff.;
vgl. Geigenmüller, A., Interaktionsqualität und Kundenintegrationsverhalten, 2012, S. 86ff.;
vgl. Möller, M., Online-Kommunikationsverhalten von Multiplikatoren, 2011, S. 30ff.;
vgl. Pelzer, C., Burgard, N., Co-Economy, 2014, S. 15;
vgl. Zimmermann, J., Status und Kundenbindung, 2013, Onlinequelle, S. 128f.

Lead User (oder auch Leitkunden bzw. launching customers) sind Konsumenten, die zukunftsrelevante Bedürfnisse früher als andere erkennen und aus diesem Grund als Wissensquelle in den Neuproduktentwicklungsprozess integriert

---

[52] Vgl. Hofbauer, G., Customer Integration, 2013, S. 25.
[53] Vgl. Kroeber-Riel, W., Gröppel-Klein, A., Konsumentenverhalten, 2013, S. 178ff.; vgl. Pepels, W., Käuferverhalten, 2013, S. 111ff.

werden sollten.[54] Sie sind meist „Kunden der ersten Stunde" und setzen sich aktiv mit dem Unternehmensangebot auseinander, sind sehr interessiert, innovative „Tüftler" und besonders neugierig.[55] Lead User sind in der Lage, ihre Wünsche dem Unternehmen eher mitzuteilen, als dies das breite Massenpublikum kann. Durch ihr hohes Produktwissen, ihr Involvement und ihre Erfahrungen nutzen sie ihre zentrale Position in Online-Netzwerken, um Produkte zu empfehlen oder von ihnen abzuraten sowie Verbesserungspotenziale darzustellen.[56] Sie leisten dadurch einen wichtigen Beitrag zur Entstehung von viralen Effekten und den damit verbundenen Multiplikatorwirkungen.[57] Die Innovationen von Lead Usern werden am Markt überdurchschnittlich stark akzeptiert.[58] Auch aus diesem Grund wurde in der Vergangenheit den Lead Usern oftmals die Rolle der Trendsetter zugeschrieben.[59]

Meinungsführer üben als Multiplikatoren einen stärkeren persönlichen Einfluss aus als andere Internetnutzer oder Kunden. Sie kommunizieren aktiv im Online-Netzwerk, besitzen viele verschiedene Kontakte und haben als persönlichkeitsstarke Experten eine Schlüsselposition in ihrem jeweiligen sozialen Umfeld.[60] Sie beeinflussen die Meinungen und Einstellungen anderer, indem sie Informationen selektieren und weiterleiten.[61] Sie suchen aktiv nach Informationen und haben ein hohes Interesse, als Erster über neue Trends Bescheid zu wissen.[62] Das hohe persönliche und anhaltende Involvement sowie die hohe fachliche Kompetenz dieser Gruppe sorgen dafür, dass sie häufig von anderen nach ihren Ansichten

---

[54] Vgl. Bedenk, S., Stich, A., Innovation mit Kunden, 2015, S. 80f.; vgl. Geigenmüller, A., Interaktionsqualität und Kundenintegrationsverhalten, 2012, S. 16; vgl. Möller, M., Online-Kommunikationsverhalten von Multiplikatoren, 2011, S. 43f.; vgl. Vossen, A., Essays on External Ideation, 2013, S. 16.
[55] Vgl. Großklaus, R. H. G., Von der Produktidee zum Markterfolg, 2014, S. 135; vgl. Lange, C., Kunde als Partner, 2014, S. 19; vgl. Meffert, H. et al., Marketing, 2015, S. 384f.
[56] Vgl. Fabel, N., Kundenintegration im Marketing-Mix von Konsumgütern, 2014, S. 117f.; vgl. Hofbauer, G., Customer Integration, 2013, S. 22; vgl. Trommsdorff, V., Steinhoff, F., Innovationsmarketing, 2013, S. 257.
[57] Vgl. Meffert, H. et al., Marketing, 2015, S. 388f.
[58] Vgl. Janzik, L. et al., Motivanalyse Online-Communities, 2011, S. 50.
[59] Vgl. Meffert, H. et al., Marketing, 2015, S. 384f.
[60] Vgl. Büttgen, M., Kundenbindung durch Kundenintegration, 2013, S. 157; vgl. Kroeber-Riel, W., Gröppel-Klein, A., Konsumentenverhalten, 2013, S. 605; vgl. Trommsdorff, V., Teichert, T., Konsumentenverhalten, 2011, S. 201.
[61] Vgl. Pepels, W., Käuferverhalten, 2013, S. 126ff.; vgl. Trommsdorff, V., Steinhoff, F., Innovationsmarketing, 2013, S. 53.
[62] Vgl. Helm, R. et al., Persönlichkeitsstruktur von Multiplikatoren, 2011, S. 161f.; vgl. Trommsdorff, V., Steinhoff, F., Innovationsmarketing, 2013, S. 53.

gefragt werden.⁶³ Meinungsführer haben spezifische Kenntnisse in ihrem Fachgebiet und sind sozial anerkannte Personen.⁶⁴ Durch ihr fachliches Interesse und Talent, neue Informationen mit vorhandenem Wissen zu verbinden, sind Meinungsführer ein geeigneter Partner im Rahmen der Kundenintegration in CCs.⁶⁵

Abbildung 2.6   Fan-Portfolio

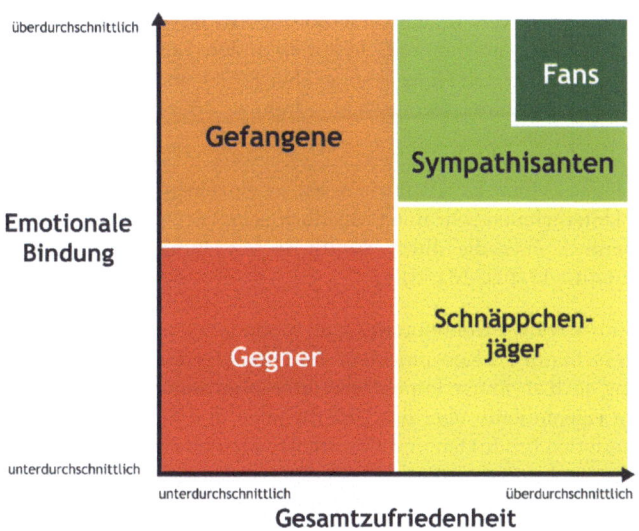

Quelle: forum! GmbH, Das Fan-Prinzip, 2016, Onlinequelle.

Ein **Fan** wird definiert als „[...] Konsument eines spezifischen Kulturgutes, der sich durch besonders positive affektive Bezüge gegenüber diesem Kulturgut sowie durch daraus resultierende spezifische Verhaltensweisen von anderen

---

[63] Vgl. Gröppel-Klein, A. et al., Aspekte der Kundenbindung, 2013, S. 61; vgl. Möller, M., Online-Kommunikationsverhalten von Multiplikatoren, 2011, S. 40ff.
[64] Vgl. Helm, R. et al., Persönlichkeitsstruktur von Multiplikatoren, 2011, S. 150ff.
[65] Vgl. Reichelt, J., Informationssuche und Online WOM, 2013, S. 125ff.

Konsumenten unterscheidet"[66]. Fans haben großes Vertrauen in das Unternehmen und einen hohen Identifikationsgrad mit ihm.[67] Sie besitzen eine überdurchschnittliche emotionale Bindung an das Unternehmen sowie eine hohe Gesamtzufriedenheit mit ihm und seinem Angebot.[68] Das **Fan-Portfolio** in Abbildung 2.6 verdeutlicht die besondere Stellung dieses Kundentyps.

Echte Fans sind die wertvollsten Kunden für Unternehmen, da sie nicht nur überdurchschnittlich zufrieden sind, sondern sich auch emotional besonders stark gebunden fühlen.[69] Deshalb haben Fans die Absicht zur dauerhaften Kundenbeziehung und weisen ein verstärktes Cross-Buying-Verhalten auf.[70] Sie kaufen häufiger und geben mehr Geld aus als andere Kunden, bleiben Anbietern länger treu, verzeihen den Unternehmen eher Fehler und haben eine wesentlich höhere Weiterempfehlungsbereitschaft (dreimal öfter als Durchschnittskunden).[71]

Der Anteil von echten Fans kann sowohl in einzelnen Branchen als auch bei einzelnen Unternehmen sehr unterschiedlich sein. Die Abbildung 2.7 gibt einen Gesamtüberblick über die durchschnittliche Verteilung der Kundentypen im Konsumgütermarkt (B2C-Markt).

Fans sind für Creative Communities eine besonders wichtige Zielgruppe, denn sie agieren nicht nur als Konsumenten, sondern aufgrund ihrer hohen emotionalen Bindung auch als aktive Impulsgeber und Innovatoren.[72] Sie informieren sich regelmäßig eigeninitiativ über das Unternehmen und kennen sich mit den von ihnen präferierten Produkten und Dienstleistungen oft sogar besser aus als manche Mitarbeiter des Unternehmens.[73] Zudem wollen sie bei der Weiterentwicklung der Produkte und Dienstleistungen mitwirken.[74]

---

[66] Becker, R., Daschmann, G., Fan-Prinzip, 2015, S. 13.
[67] Vgl. forum! GmbH, Das Fan-Prinzip, 2016, Onlinequelle.
[68] Vgl. Becker, R., Daschmann, G., Fan-Prinzip, 2015, S. 13f.; vgl. Heidbrink, M. et al., Kunden zu Fans machen, 2014, S. 14.
[69] Vgl. Becker, R., Daschmann, G., Fan-Prinzip, 2015, S. 13f.
[70] Vgl. forum! GmbH, Das Fan-Prinzip, 2016, Onlinequelle.
[71] Vgl. forum! GmbH, Das Fan-Prinzip, 2016, Onlinequelle.
[72] Vgl. Becker, R., Daschmann, G., Fan-Prinzip, 2015, S. 25; vgl. Heidbrink, M. et al., Kunden zu Fans machen, 2014, S. 11.
[73] Vgl. Becker, R., Daschmann, G., Fan-Prinzip, 2015, S. 92.
[74] Vgl. forum! GmbH, Das Fan-Prinzip, 2016, Onlinequelle.

Grundlagen der Creative Communities 17

Abbildung 2.7 Durchschnittliche Verteilung der Kundentypen im B2C-Markt

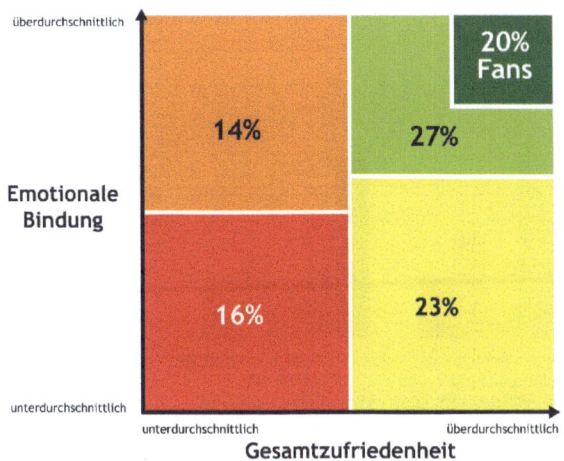

Basis: 28.391 Kundeninterviews über 250 Unternehmen aus 30 Branchen.

Quelle: Becker, R., Daschmann, G., Das Fan-Prinzip, 2015, S. 64.

Jeder zweite Fan ist der Meinung, bei der Weiterentwicklung von Produkten und Leistungen dem Unternehmen beratend helfen zu können[75] (siehe Abbildung 2.8). Deshalb ist es für die Unternehmen besonders wichtig, die „Schwarmintelligenz" der Fangemeinde für Verbesserungsvorschläge und Produktverbesserungen zu nutzen.[76] Durch diese Form der aktiven Beteiligung können die Fans zudem ihr Fan-Sein ausleben, sich aktiv einbringen und ihr Streben, zu einer Community von Fans zu gehören, verwirklichen.[77]

---

[75] Vgl. Becker, R., Daschmann, G., Fan-Prinzip, 2015, S. 92.
[76] Vgl. Becker, R., Daschmann, G., Fan-Prinzip, 2015, S. 92f.
[77] Vgl. Heidbrink, M., et al., Kunden zu Fans machen, 2014, S. 16f.

Abbildung 2.8 Fans als engagierte Unterstützer von Unternehmen

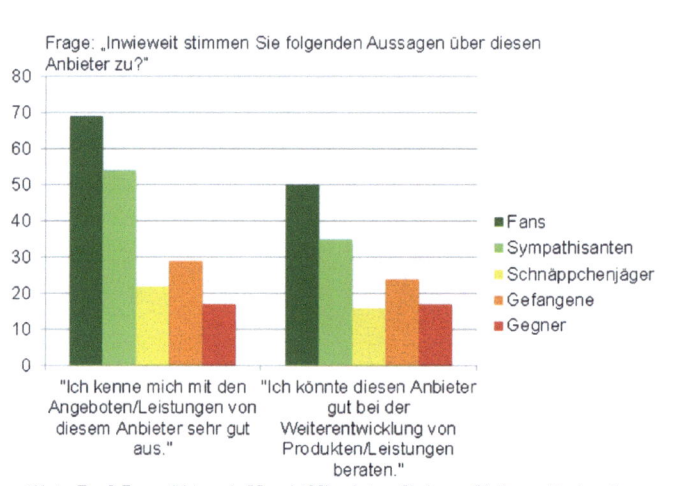

Quelle: Vgl. Becker, R., Daschmann, G., Fan-Prinzip, 2015, S. 93.

2.3 Creative Communities und Kundenbindung

2.3.1 Grundlagen der Kundenbindung

Kundenbindung kann definiert werden als „[...] sämtliche psychologischen Bewusstseinsprozesse beziehungsweise beobachtbaren Verhaltensweisen eines Kunden, [...] in denen sich die intentionale oder faktische Erhaltung beziehungsweise Intensivierung seiner Beziehung zum Unternehmen aufgrund von bestimmten Bindungsursachen manifestiert"[78]. Kundenbindung kann somit als Verbundenheit, Verpflichtung, Treue oder Engagement eines Kunden gegenüber

---

[78] Bruhn M., Relationship Marketing, 2016, S. 96.

Grundlagen der Creative Communities 19

einem Unternehmen und seinem Angebot charakterisiert werden.[79] Aus Kundensicht besteht der Wunsch, die Beziehung zum Unternehmen aufrechtzuerhalten und zu intensivieren, indem ein Produkt oder eine Dienstleistung zukünftig erneut oder verstärkt nachgefragt wird.[80] Unternehmen setzen deshalb vielfältige Marketinginstrumente ein, um bestehende Kunden möglichst nachhaltig an ihr Unternehmen zu binden, um daraus zusätzliche Erlöse und Gewinne zu generieren.[81]

Die **positiven Effekte der Kundenbindung** sind insbesondere die Erhöhung der Kauffrequenz der Kunden, die Entstehung von Cross- und Up-Selling-Potenzialen, die Reduzierung von Kundenabwanderungen sowie die Steigerung der Zufriedenheit, des Commitments, der Weiterempfehlungen und der Preisbereitschaft.[82]

Die **Entstehung der Kundenbindung** lässt sich idealtypisch wie folgt beschreiben:[83] Nach dem Erstkontakt mit dem Unternehmen durch Kauf und Inanspruchnahme der Unternehmensleistung folgt eine Kundenbewertung durch Bildung eines persönlichen Zufriedenheitsurteils. Sofern dieses Urteil positiv ist oder die Erwartungen des Kunden sogar übertroffen werden, entsteht daraus Kundenzufriedenheit. Die Kunden entwickeln gegenüber dem Unternehmen Vertrauen und eine positive Einstellung, welche in Loyalität münden und sich in konkretem Verhalten durch Wiederkauf, Weiterempfehlung etc. äußern. Durch die entstehende Kundenbindung wird ökonomischer Erfolg z.B. durch Umsatzsteigerung erzielt.[84] Auf den gesamten Prozess wirken unternehmensexterne moderierende Faktoren (wie z.B. Merkmale des Wettbewerbs oder des Marktumfeldes) und unternehmensinterne moderierende Faktoren (wie Wechselbarrieren oder Leistungsqualität), die unterstützend oder hemmend auf den Prozess ein-

---

[79] Vgl. Gröppel-Klein, A. et al., Aspekte der Kundenbindung, 2013, S. 50f.; vgl. Möhlenbruch, D. et al., Instrumente des Web 2.0, 2013, S. 462.
[80] Vgl. Homburg, C., Bruhn, M., Kundenbindungsmanagement, 2013, S. 8; vgl. Zimmermann, J., Status und Kundenbindung, 2013, Onlinequelle, S. 12f.
[81] Vgl. Blum, G., Akquisition und Kundenbindung, 2014, S. 74. *Siehe Kapitel 2.3.2, Tabelle 2.2.*
[82] Vgl. Bruhn M., Relationship Marketing, 2016, S. 149; vgl. Grohmann, M. et al., Determinanten der Kundenbindung, 2013, S. 95; vgl. Trommsdorff, V., Teichert, T., Konsumentenverhalten, 2011, S. 34; vgl. Zimmermann, J., Status und Kundenbindung, 2013, Onlinequelle, S. 10ff.
[83] Vgl. Bruhn, M., Marketing, 2014, S. 27; vgl. Homburg, C., Bruhn, M., Kundenbindungsmanagement, 2013, S. 10; vgl. Schüller, A. M., Fuchs, G., Total Loyalty Marketing, 2013, S. 16ff.
[84] Vgl. Bruhn, M., Relationship Marketing, 2016, S. 72ff.; vgl. Reichelt, J., Informationssuche und Online WOM, 2013, S. 46f.

wirken. Abbildung 2.9 gibt einen Überblick über den idealtypischen Verlauf und die vielfältigen Einflussfaktoren.

Abbildung 2.9   Phasenmodell der Kundenbindung

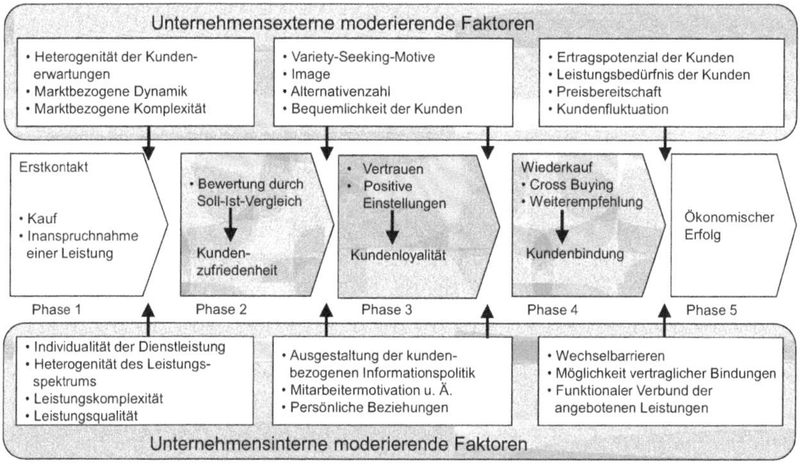

```
┌─────────────────────────────────────────────────────────────────────┐
│              Unternehmensexterne moderierende Faktoren              │
│ • Heterogenität der Kunden-  • Variety-Seeking-Motive  • Ertragspotenzial der Kunden │
│   erwartungen                • Image                   • Leistungsbedürfnis der Kunden │
│ • Marktbezogene Dynamik      • Alternativenzahl        • Preisbereitschaft │
│ • Marktbezogene Komplexität  • Bequemlichkeit der Kunden • Kundenfluktuation │
└─────────────────────────────────────────────────────────────────────┘
                                    │
Erstkontakt          • Bewertung durch    • Vertrauen        Wiederkauf
                       Soll-Ist-Vergleich • Positive         • Cross Buying
• Kauf                                      Einstellungen    • Weiterempfehlung    Ökonomischer
• Inanspruchnahme                                                                   Erfolg
  einer Leistung     Kunden-             Kundenloyalität    Kundenbindung
                     zufriedenheit

Phase 1              Phase 2              Phase 3           Phase 4              Phase 5

┌─────────────────────────────────────────────────────────────────────┐
│ • Individualität der Dienstleistung  • Ausgestaltung der kunden-  • Wechselbarrieren │
│ • Heterogenität des Leistungs-         bezogenen Informationspolitik • Möglichkeit vertraglicher Bindungen │
│   spektrums                          • Mitarbeitermotivation u. Ä. • Funktionaler Verbund der │
│ • Leistungskomplexität               • Persönliche Beziehungen      angebotenen Leistungen │
│ • Leistungsqualität                                                 │
│              Unternehmensinterne moderierende Faktoren              │
└─────────────────────────────────────────────────────────────────────┘
```

Quelle: Homburg C., Bruhn, M., Kundenbindungsmanagement, 2013, S. 10.

Die nach dem Kauf einsetzende **Zufriedenheit** lässt sich somit als ein zentraler Faktor für die Kundenbindung charakterisieren.

Aus der Vielzahl der moderierenden Faktoren stellt die Abbildung 2.10 die wichtigsten Treiber der Kundenbindung aus Kundensicht im Überblick dar.

Sie lassen sich in **freiwillige und unfreiwillige Bindungsursachen** unterteilen.[85] Zu den freiwilligen Ursachen zählen die psychologische und ökonomische Bindung, während den unfreiwilligen Ursachen i.d.R. die vertragliche und technologische Bindung zuzuordnen sind.[86]

---

[85] Vgl. hier und im Folgenden: Kreutzer, R. T., Praxisorientiertes Marketing, 2013, S. 392f.
[86] Vgl. Foscht, T. et al., Käuferverhalten, 2015, S. 329f.

Grundlagen der Creative Communities

Die **psychologische Bindung** entsteht z.B. aufgrund von Kaufgewohnheiten oder persönlicher Kaufberatung und mündet in einer emotionalen Bindung des Kunden. Bei der **ökonomischen Bindung** sorgen ökonomische Vorteile für die Loyalität zum Anbieter, z.B. durch einen Treuerabatt oder geringe Wegekosten. Eine **vertragliche Bindung** liegt bspw. bei Zeitungsabonnements oder Zwei-Jahres-Handyverträgen vor. Eine **technologische Bindung** findet sich z.B. bei Druckern, die ausschließlich mit Patronen des gleichen Anbieters störungsfrei funktionieren.

Abbildung 2.10 Treiber der Kundenbindung

Quelle: Eigene Darstellung in Anlehnung an: Kreutzer, R. T., Praxisorientiertes Marketing, 2013, S. 392.

Zur erfolgreichen Kundenbindung steht den Unternehmen eine Vielzahl von Marketinginstrumenten zur Verfügung. Kapitel 2.3.2 gibt einen kurzen Überblick und zeigt die besondere Stellung von Creative Communities im Rahmen des Marketing-Mix auf.

2.3.2 Creative Communities im Marketing-Mix zur Kundenbindung

Für den Aufbau und die Intensivierung der Kundenbindung stehen den Unternehmen mit den Marketinginstrumenten der **Preis-, Distributions-, Kommunikations- und Produktpolitik** vielfältige Möglichkeiten zur Verfügung.[87] Tabelle 2.2 gibt einen Überblick über die diversen Maßnahmen im Rahmen der einzelnen Instrumente. In der Praxis werden diese i.d.R. kombiniert eingesetzt und weisen dabei oft Überschneidungen auf.[88]

Tabelle 2.2   Marketinginstrumente zur Kundenbindung

Instrument	Mögliche Maßnahmen
Preispolitik	– Finanzierungsangebote – Preisgarantien – Sonderkonditionen – Preisindividualisierung, -bündelung, -nachlass oder -differenzierung
Distributionspolitik	– Innovative Distributionskanäle – Multichanneling – Hohe Standortdichte, Standortwahl – Individuelle Lieferzeiten und -service
Kommunikationspolitik	– Aktivität in Social Networks, Blogs, **virtuellen Communities** – Beschwerdemanagement – Loyalty-Programme – Breite Kommunikationskanäle zur Kontaktaufnahme – Newsletter, Kundenzeitschrift, Einladungen zu Events

---

[87] Vgl. zu den Marketinginstrumenten z.B. Bruhn, M., Relationship Marketing, 2016, S. 191ff.; vgl. Kreutzer, R. T., Praxisorientiertes Marketing, 2013, S. 213ff.; vgl. Meffert, H. et al., Marketing, 2015, S. 361ff.

[88] Vgl. Brugger, B., Kundenbindungskonzepte, 2012, S. 55; vgl. Büttgen, M., Kundenbindung durch Kundenintegration, 2013, S. 162f.

Instrument	Mögliche Maßnahmen
Produkt- und Dienstleistungspolitik	– Kundenintegration – Produktinnovation, -verbesserung, -variation oder -individualisierung – Qualitätsmanagement – Produktdesign, Markierung, Verpackungsgestaltung – Sortimentsbreite und -tiefe

Quelle: Eigene Darstellung in Anlehnung an:
Blum, G., Akquisition und Kundenbindung, 2014, S. 84ff.;
vgl. Brugger, B., Kundenbindungskonzepte, 2012, S. 55;
vgl. Homburg, C., Bruhn, M., Kundenbindungsmanagement, 2013, S. 23;
vgl. Kreutzer, R. T., Dialog-Marketing, 2014, S. 34ff.;
vgl. Möhlenbruch, D. et al., Instrumente des Web 2.0, 2013, S. 466ff.

Wie aus der Tabelle ersichtlich wird, können die Creative Communities der Kommunikations- und der Produktpolitik zugeordnet werden. Diesen Instrumenten kommt auch bei der Erhöhung der Kundenbindung eine zentrale Rolle zu,[89] weshalb auf diese im Folgenden kurz vertiefend eingegangen wird.

Die **Kommunikationspolitik** stellt eine wichtige Grundlage für den Aufbau von Kundenvertrauen und Zufriedenheit dar. Bei der Integration von Creative Communities in die Kommunikationspolitik wird die einseitige Unternehmenskommunikation zu einer vernetzten **Many-to-many-Kommunikation**.[90] Je mehr Informationen das Unternehmen durch diese Form der Kommunikation sammelt, desto genauer kann die Kundenansprache gestaltet werden und die Bedürfnisbefriedigung erfolgen, was im Idealfall zu einer gesteigerten Kundenbindung führt.

Zudem dienen die Creative Communities als gezielte Kommunikationskanäle dazu, einerseits das Bedürfnis der Kunden nach persönlicher Kommunikation mit dem Unternehmen oder der Marke zu befriedigen und andererseits die Interaktion der Nutzer untereinander zu fördern.[91] Durch den interaktiven Austausch und die Freude an der kreativen Beschäftigung wird die Problemlösung

---

[89] Vgl. Bittner, G., Schwarz, E., Emotion Selling, 2015, S. 57; vgl. Fabel, N., Kundenintegration im Marketing-Mix von Konsumgütern, 2014, S. 122.
[90] Vgl. Fabel, N., Kundenintegration im Marketing-Mix von Konsumgütern, 2014, S. 120.
[91] Vgl. Kreutzer, R. T., Praxisorientiertes Marketing, 2013, S. 396; vgl. Möhlenbruch, D. et al., Instrumente des Web 2.0, 2013, S. 461.

von den Teilnehmern oft als spielerische Tätigkeit innerhalb der Community angesehen.[92] Diese besondere Form der Teilnahme an kreativen Prozessen führt – häufig unbewusst – zu einer Steigerung der emotionalen Bindung an das Unternehmen bzw. die Marke.

In der **Produkt- und Dienstleistungspolitik** kommt der Kundenintegration ein besonderer Stellenwert für die Kundenbindung zu. Die Kundenintegration weist dabei sehr differenzierte Ausprägungsformen auf.[93] Wie bereits erwähnt, kann der Kunde in den verschiedenen Innovationsstufen und Gestaltungsformen die unterschiedlichsten Aufgaben übernehmen. Vom Informant über den Co-Innovator bis zum Partial Employee werden das Wissen und die Kompetenz der Kunden im Rahmen der Kundenintegration abgeschöpft.[94] Die Kundenintegration in Form von Creative Communities hat primär die Funktion, den Kunden in einer frühen Phase des Innovationsprozesses zu integrieren, um neue Produkte und Dienstleistungen zu konzipieren bzw. bestehende weiterzuentwickeln.

Durch diese Form der Kundenintegration können die Kundenbedürfnisse frühzeitig erkannt und befriedigt werden.[95] Sie leistet damit nicht nur einen wichtigen Beitrag zum Innovationsprozess, sondern stärkt durch den kreativen Austausch der Teilnehmer untereinander deren emotionales Involvement und damit die Intensität ihrer Kundenbindung.

2.4 Arten von Creative Communities

Webbasierte Creative Communities sind in ihren Erscheinungsformen sehr unterschiedlich.[96] Sie können von Kunden, Unternehmen selbst oder Fremdanbietern (Intermediären) betrieben werden und für die Beteiligten eine geringe bis hohe Aufgabenspezifität aufweisen. Die Ausarbeitungsgrade der Ideen reichen von der Ideenbeschreibung oder Skizze über ein Gesamtkonzept bis hin zu ausgearbeiteten Prototypen mit Komplettlösung.

---

[92] Vgl. Bretschneider, U., Ideen-Community zur Kundenintegration, 2012, S. 50ff.
[93] Vgl. Büttgen, M., Kundenbindung durch Kundenintegration, 2013, S. 159; vgl. Hofbauer, G., Customer Integration, 2013, S. 14; vgl. Hübner, L., Messung des Kundenintegrationsgrades, 2014, S. 69.
[94] Vgl. Timpe, D., Ergebnis der Kundenintegration, 2014, S. 217.
[95] Vgl. Fabel, N., Kundenintegration im Marketing-Mix von Konsumgütern, 2014, S. 119; vgl. Zimmermann, J., Status und Kundenbindung, 2013, Onlinequelle, S. 27f.
[96] Vgl. Blohm, I., Open Innovation Communities, 2013, S. 30f.; vgl. Finzen, J. et al., Innovation Mining, 2010, S. 70; vgl. Noé, M., Innovation 2.0, 2013, S. 24.

Bezogen auf den Konsumgütermarkt können CCs danach unterteilt werden, wer der Betreiber der Community ist: Kunden oder Unternehmen; man spricht also von **Customer Creative Communities** und **Corporate Creative Communities** (siehe Abbildung 2.11).

Abbildung 2.11 Arten von Creative Communities im Konsumgütermarkt

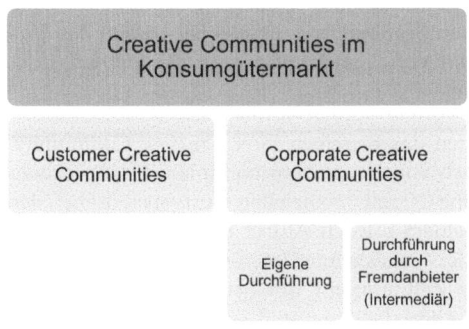

Quelle: Eigene Darstellung.

Die **kundenbetriebenen Communities** (Customer Creative Communities) haben sich bereits als wichtige Orte von Innovationsaktivitäten profiliert.[97] Dabei gründen bestehende Kunden aus eigenem Antrieb eine Community zu einem Unternehmen bzw. dessen Angebot, um sich über das Verwendungswissen oder das Interesse an neuesten Weiterentwicklungen und Erfahrungen auszutauschen.[98] Diese werden in der Praxis von Unternehmen beobachtet, um ohne direktes Eingreifen aus den Kommentaren Ableitungen für Neuproduktentwicklungen zu erhalten.[99] Beispiel für eine solche Community ist *Lugnet.com*[100], eine Community von Kunden zum Austausch über *Lego*-Produkte. Da diese Communities aber weder vom Unternehmen noch von einem Fremdanbieter aktiv beeinflusst oder gestaltet werden können, sind sie im Weiteren nicht mehr Gegenstand der Betrachtung.

---

[97] Vgl. Ihl, C., Piller, F., Customer Co-Creation, 2010, S. 10; vgl. Janzik, L. et al., Motivanalyse Online-Communities, 2011, S. 48ff.
[98] Vgl. Bretschneider, U., Ideen-Community zur Kundenintegration, 2012, S. 24; vgl. Lammenett, E., Praxiswissen Online-Marketing, 2014, S. 258ff.; vgl. Möller, M., Online-Kommunikationsverhalten von Multiplikatoren, 2011, S. 60.
[99] Vgl. Kroeber-Riel, W., Gröppel-Klein, A., Konsumentenverhalten, 2013, S. 600f.
[100] Vgl. hierzu z.B. Internetseite Lugnet, 2015, Onlinequelle.

Die **unternehmensbetriebenen Communities** (Corporate Creative Communities) werden entweder durch das Unternehmen selbst oder durch einen Intermediär (Fremdanbieter) betreut.

Betreibt ein Unternehmen eine Community selbst, soll neben der gemeinsamen Erarbeitung innovativer Problemlösungen eine intensive Interaktion der Teilnehmer untereinander sowie mit dem Unternehmen bzw. der Marke erreicht werden. Der Lösungsraum und Startpunkt des Kreativitätsprozesses wird vom Unternehmen selbst festgelegt, eine direkte Kommunikation zur Motivation und zum Austausch von Feedback erfolgt ebenfalls durch das Unternehmen.[101] Beispiele für diese Art von Communities sind *My Starbucks Idea*[102], *Tchibo Ideas*[103] oder *Connect&Develop*[104].

Wenn Unternehmen das Betreiben ihrer Creative Community an Intermediäre abgeben, wird auch von Innovationsmarktplätzen gesprochen.[105] Die Fremdanbieter betreiben eine CC mit potenziellen „Aufgabenlösern", denen teilnehmende Unternehmen in einem offenen Aufruf bestimmte Aufgaben stellen können.[106] Kunden und an der Fragestellung Interessierte reichen ihre Lösungen in einem zuvor festgelegten Zeitraum ein. In einem interaktiven, kreativen Prozess werden die Ideen generiert, bewertet und selektiert. Als zusätzlichen Anreiz erhält der Gewinner eine finanzielle „Entlohnung".[107] Fachlich sind diese Communities meist offen. Das Unternehmen teilt dem Fremdanbieter die Formulierung der Aufgabe sowie Anforderungen an eine Lösung mit, zahlt dem Anbieter für das Betreiben der Community eine vereinbarte Gebühr, und als Gegenleistung betreiben die Intermediäre die Creative Community, schaffen die notwendige Infrastruktur, agieren als Vermittler sowie Moderatoren und bringen letztlich Wissenssuchende und Wissensanbieter zusammen.[108] Beispiele hierfür sind die Communities *Neurovation*[109], *atizo.com*[110], *Innocentive*[111] oder *Brainfloor*[112].

---

[101] Vgl. Kreutzer, R. T., Praxisorientiertes Online-Marketing, 2014, S. 432ff.
[102] Vgl. Starbucks Corporation, My Starbucks Idea Startseite, 2013, Onlinequelle.
[103] Vgl. Tchibo GmbH, Tchibo Ideas Startseite, 2016, Onlinequelle.
[104] Vgl. The Procter & Gamble Company, C&D Startseite, 2015, Onlinequelle.
[105] Vgl. Leimeister, J. M., Zogaj, S., Crowdsourcing, 2013, S. 49f.
[106] Vgl. Blohm, I., Open Innovation Communities, 2013, S. 29.
[107] Vgl. Finzen, J. et al., Innovation Mining, 2010, S. 74.
[108] Vgl. Leimeister, J. M., Zogaj, S., Crowdsourcing, 2013, S. 49f.
[109] Vgl. Neurovation GmbH, Neurovation Startseite, 2016, Onlinequelle.
[110] Vgl. Atizo AG, atizo.com Startseite, 2016, Onlinequelle.
[111] Vgl. InnoCentive Inc., Innocentive Startseite, 2016, Onlinequelle.
[112] Vgl. mindPool Business Development GmbH, Brainfloor Startseite, 2016, Onlinequelle.

3 Erfolgsfaktoren für die Gestaltung von Creative Communities

3.1 Vergleichende Analyse von Creative Communities

Die vergleichende Analyse orientiert sich an dem Designtyp des **Multiple Case Designs**, mit dem Ziel, mehrere Creative Communities durch Herausarbeitung der Gemeinsamkeiten und Unterschiede zu untersuchen.[113] Durch diese Fallstudienuntersuchung sollen unklare neue Sachverhalte geklärt werden, indem unterschiedliche Daten aus verschiedenen Quellen zusammengetragen, analysiert und interpretiert werden.[114] Das Vorgehen gestaltet sich dabei wie folgt:

1. Erfassung bestehender Creative Communities und Auswahl

   (Kapitel 3.1.1 Kurzvorstellung der untersuchten Creative Communities)

2. Identifikation spezifischer Kriterien für den Vergleich

   (Kapitel 3.1.2 Kriterien zur Gestaltung von kundenorientierten Creative Communities)

3. Durchführung der vergleichenden Analyse und Bewertung der Ergebnisse zur Ermittlung der Best-Practice-Ansätze

   (Kapitel 3.1.3 Vergleichsergebnisse und Bewertung)

3.1.1 Kurzvorstellung der untersuchten Creative Communities

Zur Identifikation relevanter Creative Communities wurde zunächst eine Literaturrecherche durchgeführt. Kriterium dabei war die Anzahl der Erwähnungen der Creative Communities in der jeweiligen Publikation. Tabelle 3.1 zeigt die Ergebnisse der durchgeführten Literaturrecherche.

---

[113] Vgl. Bretschneider, U., Ideen-Community zur Kundenintegration, 2012, S. 35f.
[114] Vgl. Hussy, W. et al., Forschungsmethoden, 2013, S. 199; vgl. Kuß, A. et al., Marktforschung, 2014, S. 59f.

Tabelle 3.1 Ergebnisse der Literaturrecherche

Creative Community	Literarische Erwähnung
C&D *(P&G)*	– Vgl. Bilgram, V. et al., Getting closer to the Consumer, 2011, S. 35. – Vgl. Enkel, E., Gassmann, O., Neue Ideenquellen erschließen, 2009, S. 7. – Vgl. Großklaus, R. H. G., Von der Produktidee zum Markterfolg, 2014, S. 18f. – Vgl. Terpitz, K., Politik der offenen Labore, 2011, Onlinequelle. – Vgl. Vossen, A., Essays on External Ideation, 2013, S. 6. – Vgl. Wagner, P. A., Open Innovation, 2013, Onlinequelle, S. 8.
Tchibo Ideas *(Tchibo GmbH)*	– Vgl. Böckermann, F., Customer Knowledge Management, 2013, S. 3. – Vgl. Kreutzer, R. T., Praxisorientiertes Online-Marketing, 2014, S. 433. – Vgl. Leimeister, J. M., Zogaj, S., Crowdsourcing, 2013, Onlinequelle, S. 9. – Vgl. Terpitz, K., Politik der offenen Labore, 2011, Onlinequelle.
Innocentive *(InnoCentive Inc.)*	– Vgl. Bretschneider, U., Ideen-Community zur Kundenintegration, 2012, S. 48f. – Vgl. Enkel, E., Gassmann, O., Neue Ideenquellen erschließen, 2009, S. 10. – Vgl. Leimeister, J. M., Zogaj, S., Crowdsourcing, 2013, Onlinequelle, S. 50f. – Vgl. Terpitz, K., Politik der offenen Labore, 2011, Onlinequelle.
Brainfloor *(mindPool Business Development GmbH)*	– Vgl. Bretschneider, U., Ideen-Community zur Kundenintegration, 2012, S. 48f.
Atizo *(Atizo AG)*	– Vgl. Enkel, E., Gassmann, O., Neue Ideenquellen erschließen, 2009, S. 10.

Creative Community	Literarische Erwähnung
My Starbucks Idea (*Starbucks Corporation*)	– Vgl. Blohm, I., Open Innovation Communities, 2013, S. 1. – Vgl. Bretschneider, U., Ideen-Community zur Kundenintegration, 2012, S. 2f. – Vgl. Bruhn M., Relationship Marketing, 2013, S. 411. – Vgl. Finzen, J. et al., Innovation Mining, 2010, S. 69. – Vgl. Leimeister, J. M., Zogaj, S., Neue Arbeitsorganisation durch Crowdsourcing, 2013, S. 9. – Vgl. Noé, M., Innovation 2.0, 2013, S. 24. – Vgl. Vossen, A., Essays on External Ideation, 2013, S. 6. – Vgl. Ye, H. et al., Collaboration and the Quality of UGC in Online Innovation Communities, 2012, S. 2.

Quelle: Eigene Darstellung.

Im Rahmen der dann folgenden Onlinerecherche wurden die Trefferlisten einer Onlinesuchmaschine untersucht und die Faktoren Ranking-Position und die Anzahl der Besuche auf der Creative-Community-Homepage herangezogen. Zudem sollten Creative Communities aus verschiedenen Ländern untersucht werden, um so auf Grundlage eines länderübergreifenden Vergleichs vielfältigere Handlungsempfehlungen ableiten zu können. Tabelle 3.2 gibt einen Überblick über die Ergebnisse der Onlinerecherche.

Auf der Grundlage dieser Literatur- und Onlinerecherche wurden folgende Creative Communities am Konsumgütermarkt identifiziert: *My Starbucks Idea*, *Connect&Develop (C&D)*, *Tchibo Ideas*, *Innocentive*, *Brainfloor*, *atizo.com*, *Neurovation* und *Watch our Ideas*.

Tabelle 3.2   Ergebnisse der Onlinerecherche

Eingabebegriff	Ergebnisse (Auswahl an ermittelten Communities)
„Open Innovation Community" *„Innovationsplattform"* *„innovation community"*	Aipitree, Atizo, Brainfloor, BrainR Brainstorming, Brain-Sourcer, Idea Scale, IdeaVault, Ideenwettbewerbe.com, Innoget, Innovation Factory, Innocentive, Innovationskraftwerk, Jovoto, Nosco ...

Eingabebegriff	Ergebnisse (Auswahl an ermittelten Communities)
„Ideenplattform" „Idea Platform" „Ideen Community" „Idea Community"	CMNTY Corporation, Innovation Exchange, Idea Bounty, Guerra Creativa, crowdSPRING, BootB.com, 12designer, LeadVine, 99designs, OpenIDEO, Challenge.gov, eYeka, Spigit, Cognistreamer, Brainfloor, Neurovation ...
„Ideenwettbewerbe auf Community" „Community Ideenwettbewerbe" „Ideenwettbewerbe Plattform"	Moving Ideas, IdeaConnection, Innocentive, Watch our Ideas, Open4Innovation ...

Quelle: Eigene Darstellung.

Für die Registrierung auf *My Starbucks Idea* ist eine spezielle E-Mail-Adresse erforderlich (*starbucks.com*), die restriktiv an ausgewählte Kunden und Mitarbeiter vergeben wird. Aus diesem Grund wurden *Tchibo Ideas* als deutschsprachige und *C&D* als englischsprachige Community für einen länderübergreifenden Vergleich ausgewählt. Ebenfalls nach Platzierung auf den Seiten der Suchmaschine, literarischer Erwähnung sowie Herkunftsland wurden die Communities *Neurovation* aus Österreich, *Brainfloor* aus Deutschland, *atizo.com* aus der Schweiz und *Innocentive* aus den USA ausgewählt.

Im folgenden Abschnitt werden die ausgewählten Creative Communities kurz vorgestellt sowie der jeweilige Ablauf der Ideeneingabe und Aufbau der einzelnen Creative Communities kurz erläutert.

C&D von *Procter&Gamble (P&G)* wurde im Jahr 2001 mit dem Ziel gegründet, dass 50 Prozent der Innovationen von *P&G* zukünftig von externen Partnern stammen.[115] Zu den zahlreichen Marken im Bereich Körperpflege, Haushalt oder Gesundheit von *P&G* gehören u.a. *Pantene* oder *Pampers*.[116] *P&G* ist in 70 Ländern tätig und erhält pro Jahr etwa 5.000 Vorschläge von externen Forschern.[117] *C&D* ist eine Community für Partner sowie Lieferanten und Kunden, welche ursprünglich als ein Experiment begann, um Innovationen von außen zu gewin-

---

[115] Vgl. Enkel, E., Gassmann, O., Neue Ideenquellen erschließen, 2009, S. 7.
[116] Vgl. The Procter & Gamble Company, C&D Startseite, 2016, Onlinequelle.
[117] Vgl. Terpitz, K., Politik der offenen Labore, 2011, Onlinequelle.

nen.[118] Der Ideen-Einreichungsprozess gestaltet sich wie folgt: Anhand einer Bedürfnisliste, auf welcher Lösungen und Partner gesucht werden, sind Details zu den Anforderungen an die Ideen und Qualifikationen der Teilnehmer aufgelistet.[119] Wird vom Kunden eine Übereinstimmung gefunden, kann über einen Link direkt die Ideeneingabe für dieses Bedürfnis erstellt werden. Für Ideen, zu denen kein Bedürfnis passt, besteht ein Innovationsportal, in welchem die Idee geäußert werden kann. Die Mitgliederanzahl ist nicht einsehbar, ebenso wenig die Anzahl eingereichter Ideen.

Der Leitspruch von *Tchibo Ideas* lautet: *Mitmachen. Mitreden. Mitgestalten.* Betreiber der Plattform ist die *Tchibo GmbH*, welche in die Konsumgüter- und Einzelhandelsbranche, speziell Kaffee, einzuordnen ist. 2013 besaß *Tchibo Ideas* 11.092 Mitglieder, schrieb 1.262 Projekte aus und konnte 716 Einträge sowie 8.721 Kommentare verbuchen.[120] *Tchibo Ideas* bietet seinen Kunden neben der klassischen Ideenabgabe mehrere Aktionskategorien an. *Workshops, Produkttests, Votings* sowie *Umfragen*.[121] Die Schritte zur Ideenabgabe sind:

1. Designidee einreichen
2. Designidee-Prüfung durch *Tchibo*
3. Abschluss des Lizenzvertrages
4. Produktion und Vermarktung durch *Tchibo*[122]

Voraussetzungen der Ideenabgabe sind u.a.[123] Neuartigkeit, Schutzfähigkeit, Integrationsmöglichkeit in das vorhandene Portfolio und die Umsetzbarkeit. *Tchibo Ideas* bietet auch Hochschulkooperationen an. Im Rahmen dieser können Studierende aus verschiedenen Fachrichtungen ein Semester mit Professoren und *Tchibo*-Experten aus den Bereichen Produktmanagement, Einkauf und Qualität Ideen entwickeln und ggf. umsetzen.[124] *Tchibo Ideas* wurde 2008 gegründet, seit der Umgestaltung im Oktober 2013 erlaubt die Community allerdings nur

---

[118] Vgl. The Procter & Gamble Company, C&D Factsheet, o.J., Onlinequelle.
[119] Vgl. The Procter & Gamble Company, C&D Einreichungsprozess, o.J., Onlinequelle.
[120] Vgl. Tchibo GmbH, Tchibo Ideas Umgestaltung, 2013, Onlinequelle.
[121] Vgl. Tchibo GmbH, Tchibo Ideas Konzept, 2015, Onlinequelle.
[122] Vgl. Tchibo GmbH, Tchibo Ideas Dein Design, o.J., Onlinequelle.
[123] Vgl. Tchibo GmbH, Tchibo Ideas PDF Dein Design, o.J., Onlinequelle.
[124] Vgl. Tchibo GmbH, Tchibo Ideas Dein Design, o.J., Onlinequelle; vgl. Tchibo GmbH, Tchibo Ideas PDF Hochschulkooperation, o.J., Onlinequelle.

noch die Ideenveröffentlichung, die öffentliche Diskussion unter den Nutzern entfällt aufgrund vieler Kundenanfragen.[125]

Die Community *atizo.com* besteht seit 2008, um gemeinsam Ideen zu finden, diese zu bewerten und Konzepte zu entwickeln.[126] Betreibendes Unternehmen ist *ATIZO 360°*, welches zusammen mit Kunden wie *Rivella, BMW oder Nestlé* nach neuen Innovationen sucht. *atizo.com* besitzt 23.246 Mitglieder, welche in bis heute 385 Projekten 152.278 Ideen einreichten.[127] Am Ende eines Projektes wird die beste Idee vergütet und gemeinsam umgesetzt. Als Unternehmensangebot und zur Aktivierung der Teams entwickelt *atizo.com* Innovationsmanagement-Tools, die in Innovationsprojekten von Unternehmen eingesetzt werden.[128] Die Community ist auf der Hauptseite in einen Bereich für Unternehmen und einen für Ideengeber unterteilt. Der Unternehmensbereich stellt Angebote seitens *atizo.com* für Unternehmen dar, und der Teilnehmerbereich enthält die Registrierungsmaske, Ideenausschreibungen und weitere Bereiche. Neben der Kategorie *Ideeneingabe* bestehen auch Ausschreibungen zu *Ideenbewertungen, Umfragen* und *Ideenumsetzungen*. Die Prämie in einem Projekt wird vom ausschreibenden Unternehmen bestimmt.[129] Um die Qualität der Ideen zu gewährleisten, können die ersten sechs Ideen pro Projekt und Teilnehmer ohne Einschränkung, danach innerhalb von 24 Stunden maximal zwei Ideen eingegeben werden.[130]

Der Leitspruch von **Brainfloor** lautet: *Innovation via Social Media*. Betreibendes Unternehmen ist die *mindPool Business Development GmbH*, welche bereits mit Unternehmenskunden wie der *Deutschen Post, Jack Wolfskin* und *Adidas* zusammenarbeitete.[131] *Brainfloor* ist eine Community mit 5.353 Mitgliedern, welche an bislang rund 300 Ideenprojekten teilnahmen und 38.545 Kommentare hinterließen.[132] In dieser Community können sich Nutzer über Ideen und Problemlösungen austauschen.[133] Dazu eröffnen die Ideensucher (*BrainUser*) eine Ideen-Lounge und stellen dort ihre Fragen, formulieren Problemstellungen und fordern Ideengeber (*BrainWorker*) auf, ihre Vorschläge zu den Fragestellungen abzugeben. Die Ideen können dabei als Anregungen, Hinweise oder Verbesserungsvor-

---

[125] Vgl. Tchibo GmbH, Tchibo Ideas Umgestaltung, 2013, Onlinequelle.
[126] Vgl. Atizo AG, atizo.com Startseite, 2016, Onlinequelle.
[127] Vgl. Atizo AG, atizo.com Startseite, 2016, Onlinequelle.
[128] Vgl. Atizo AG, Atizo 360°, o.J., Onlinequelle.
[129] Vgl. Atizo AG, Atizo FAQ, o.J., Onlinequelle.
[130] Vgl. Atizo AG, Atizo FAQ, o.J., Onlinequelle.
[131] Vgl. mindPool Business Development GmbH, Brainfloor Startseite, 2016, Onlinequelle.
[132] Vgl. mindPool Business Development GmbH, Brainfloor Startseite, 2016, Onlinequelle.
[133] *Seit der Gründung verlagerte Brainfloor seine Nutzeraktivitäten länderspezifisch; so steht z.B. Österreich nicht mehr im Fokus.*

schläge umschrieben werden. Für Unternehmen bestehen verschiedene Angebote wie *Brainfloor classic* oder *Brainfloor fansource*.[134] Für jedes Ideen-Projekt existieren unterschiedliche Prämien- bzw. Credit-Stufen. Die beste Idee gewinnt zusätzlich eine Siegesprämie. Hat ein Teilnehmer 75 € auf seinem Konto gesammelt, kann der Betrag auf Wunsch ausgezahlt werden.

Where the world innovates ist der Slogan von **Innocentive**. Das Unternehmen *InnoCentive Inc.* arbeitet mit Kunden wie der *NASA, P&G* oder *Roche* zusammen. Die Community wurde 2001 gegründet und besitzt ca. 365.000 Mitglieder, die an etwa 3.000 Projekten teilnahmen und bislang etwa 500.000 Ideen einreichten.[135] Unternehmen soll es durch Vernetzung ermöglicht werden, ihre Schlüsselprobleme zu lösen und Innovationen voranzutreiben.[136] Die Themenbereiche reichen von *Chemie* und *Informationstechnologie* über *Landwirtschaft* bis zu *Mathematik*. Die Aufgabenspezifität der Ausschreibungen für die Ideengeber ist sehr unterschiedlich und reicht von der Suche nach einer neuen Idee *(Ideation Challenge)* über ein bereits ausgearbeitetes *Design (Theoretical Challenge)* bis hin zur Ausarbeitung eines konkreten Prototypen *(RTP (Reduction-to-Practice) Challenge)*. Darüber hinaus werden außer Kunden auch andere Partner wie Lieferanten z.b. um Gutachten gebeten *(eRFP (request for a partner) Challenge)*. Im geschützten Bereich *My IC* sind alle Ideen mit Angaben wie Zeitraum, Teilnehmer oder Prämienhöhe einsehbar. Für Unternehmen bestehen neben den verschiedenen Ausschreibungsmöglichkeiten (für die gesamte Community oder nur einen Teil der Community, Ideeneinholung oder fertiges Design) auch spezielle Ideengenerationssoftwareangebote.[137] Auf der Seite finden sich erfolgreich umgesetzte Projekte, wie der *Prize4Life Award*.[138]

Die im Jahr 2005 gegründete Community **Neurovation** wird von der *Neurovation GmbH* betrieben. Kunden waren u.a. *Philips* und *Dr. Oetker*. Sie verfügt über 6.122 aktive Mitglieder mit bislang 2.704 wettbewerbsrelevanten Ideen und 1.330 wettbewerbsunspezifischen Ideen.[139] Ziel dieser Community ist es, Ideensuchende und Ideenbringer über eine virtuelle Umgebung und Kreativitätswerkzeuge zusammenzubringen.[140] *Neurovation* ist ein Kunstwort, geschaffen aus den Wörtern *Neuro*wissenschaften und Inno*vation*. Das *Neurovation*-Team besteht aus

---

[134] Vgl. mindPool Business Development GmbH, Brainfloor Portfolio, o.J., Onlinequelle.
[135] Vgl. InnoCentive, Inc. Innocentive Facts & Stats, o.J., Onlinequelle.
[136] Vgl. InnoCentive Inc., Innocentive Startseite, 2016, Onlinequelle.
[137] Vgl. InnoCentive Inc., Innocentive Produktübersicht, 2016, Onlinequelle.
[138] Vgl. InnoCentive Inc., Innocentive Winning Solutions, o.J., Onlinequelle.
[139] Vgl. Neurovation GmbH, Neurovation Startseite, 2016, Onlinequelle; Neurovation GmbH, Nutzerangaben, 2016, interne Quelle.
[140] Vgl. Neurovation GmbH, Neurovation Informationen, o.J., Onlinequelle.

Gehirnforschern, Usability-Designern, Innovations- und Wissensmanagern sowie Webentwicklern und entstand aus einem Forschungsprojekt.[141] Ideen können im Ideenpool veröffentlicht, von anderen kommentiert und weiterentwickelt werden. Aber auch ohne Diskussion ist eine Ideeneingabe bei einigen Wettbewerben möglich. Handlungen, die ein Benutzer in der Community ausführt, sind mit Punkten hinterlegt. Je nachdem, welche Aktivität der Benutzer ausübt, werden Punkte vergeben. Die Anzahl der Ideeneingaben ist nicht begrenzt. Die Wettbewerbsphasen umfassen: *Einreichung mit Erstellung* und *Diskussion, Community-Bewertung* und *Jurybewertung* mit Auswahl der Gewinner. Bei einigen Wettbewerben besteht noch eine *Konzeptphase*. Die Bereiche der Ideen umfassen u.a. *Umwelt & Infrastruktur, Computer & Menschen* sowie *Gesellschaft, Film & Theater*.

Die Tabelle 3.3 zeigt die untersuchten Creative Communities in einer Gegenüberstellung.

---

[141] Vgl. Neurovation GmbH, Neurovation Informationen, o.J., Onlinequelle.

Erfolgsfaktoren für die Gestaltung von Creative Communities

Tabelle 3.3 Gegenüberstellung der untersuchten Creative Communities

Name	Gründungs-jahr	Betreiber und Sitz	Kunden/Produkte (Beispiele)	Mitgliederanzahl, ca. (nach Unternehmensangaben)	Gesamtanzahl der Projekte, ca. (nach Unternehmensangaben)	Gesamtanzahl Ideen ca. (nach Unternehmensangaben)
Connect & Develop (www.pgconnectdevelop.com)	2001	Procter and Gamble, Cincinnati, Ohio, (USA)	Procter and Gamble, z.B. Körperpflege, Haushalt	k.A.	Jährlich ca. 5.000 Vorschläge	k.A.
Tchibo Ideas (www.tchibo-ideas.de)	2008	Tchibo GmbH, Hamburg (D)	Tchibo GmbH, z.B. Haushalt, Freizeit	11.092	1.262	716 Einträge, 8.721 Kommentare
Atizo.com (www.atizo.com)	2008	ATIZO 360°, Bern (CH)	z.B. Rivella, BMW, Nestlé	23.246	385	152.278
Brainfloor (www.brainfloor.com)	2008	mindPool Business Development GmbH, Tegernsee (D)	z.B. Deutsche Post, Jack Wolfskin, Adidas	5.353	300	38.545
Innocentive (www.innocentive.com)	2001	InnoCentive Inc., Walham (USA)	z.B. NASA, P&G, Roche	365.000	ca. 3.000	ca.500.000
Neurovation (www.neurovation.net)	2005	Neurovation GmbH, Graz (AU)	z.B. AT&S, Philips, Dr. Oetker	6.122	k.A.	2.704, wettbewerbsunspezifisch: 1.330

Quelle: Eigene Darstellung in Anlehnung an:
Atizo AG, atizo.com Infografik, o.J., Onlinequelle;
vgl. Atizo AG, atizo.com Startseite, 2016, Onlinequelle;
vgl. InnoCentive Inc., Innocentive Facts & Stats, o.J., Onlinequelle;
vgl. InnoCentive Inc., Innocentive Startseite, 2016, Onlinequelle;
vgl. mindPool Business Development GmbH, Brainfloor Startseite, 2016, Onlinequelle;
vgl. Neurovation GmbH, Neurovation Startseite, 2016, Onlinequelle;
vgl. Neurovation GmbH, Nutzerangaben, 2016, interne Quelle;
vgl. Tchibo GmbH, Tchibo Ideas Umgestaltung, 2013, Onlinequelle;
vgl. The Procter & Gamble Company, C&D Factsheet, o.J., Onlinequelle;
vgl. The Procter & Gamble Company, C&D FAQ, o.J., Onlinequelle.

3.1.2 Kriterien zur Gestaltung von kundenorientierten Creative Communities

In diesem Kapitel werden die Kriterien erarbeitet, anhand derer dann die vergleichende Analyse der Creative Communities erfolgen kann.

Von der Vielzahl möglicher Kriterien sind zunächst diejenigen interessant, die den Projektablauf betreffen.[142] Diese umfassen die verschiedenen Stufen im Zeitverlauf aus Sicht eines Teilnehmers an einer CC:[143] die **Ausschreibung**, die **generelle Informationsversorgung und rechtliche Aspekte**, die **Registrierung**, die **detaillierten Informationen zum Projektablauf**, die **Ideeneingabe** sowie die **Auswahl und Prämierung**.

Bei der **Ausschreibung** in der Community ist die Suche nach Projekten für den Teilnehmer einfach zu gestalten, d.h., die Ausschreibungen müssen schnell und mit wenig Aufwand zu finden sein, wie bspw. auf der Startseite in bestimmten Klassifizierungen bzw. Gruppen.[144] Eine Suchfunktion bzw. Tagcloud[145] in der Creative Community kann die Suche aus Kundensicht vereinfachen und beschleunigen.[146]

Die generelle **Informationsversorgung** umfasst die Bereitstellung von nützlichen Inhalten, um laufend Kommunikationsanlässe zu nutzen und neue Angebote zu

---

[142] Für den Prozess des Projektablaufs siehe Kapitel 2.2.1, Abbildung 2.4.
[143] Die angegebene Reihenfolge gibt den Standardprozess wieder. Ausnahmen bestehen in der Praxis z.B. bei der Community Brainfloor.
[144] Vgl. Kreutzer, R. T., Praxisorientiertes Online-Marketing, 2014, S. 123.
[145] Schlagwortwolke, Liste aus Schlagworten mit verschieden gewichteten Wörtern als Linksammlung auf Communities, die als Navigationshilfe benutzt wird.
[146] Vgl. Leimeister, J. M., Zogaj, S., Crowdsourcing, 2013, S. 47.

unterbreiten. Dies beinhaltet also den gesamten Informationsgehalt der CC aus Teilnehmersicht, wie z.b. Anleitungen des Ideenprozesses in Form von Erläuterungen oder Videos, die Darstellung von häufig gestellten Fragen (FAQ), dem Angebot eines Newsletters, einem erweiterten Zugang zu exklusiven Informationen im registrierten Bereich und Aspekten wie Aktualität und Transparenz der Informationen.[147] Ein unabdingbares Kriterium jeder Creative Community stellen **rechtliche Aspekte** dar, wie bspw. die Veröffentlichung und Absicherung durch Teilnahmebedingungen, Allgemeine Geschäftsbedingungen (AGB), Angaben zum Datenschutz, der Datensicherheit oder des geistigen Eigentums.

Die **Registrierung** sollte schnell, sicher und problemlos für den Teilnehmer sein. Dabei können Erläuterungen einzelner Anmeldefelder bzw. Vorabinformationen zur Verfügung gestellt und evtl. ein Social Log-in[148] für Nutzer von sozialen Netzwerken angeboten werden.[149]

Die **detaillierten Informationen zum Projektablauf** sollten offen für die Teilnehmer einseh- bzw. kommentierbar sein und Anforderungskriterien zu Einreichungen enthalten. Diese umfassen u.a. Angaben zur genauen Prämienhöhe, eine detaillierte Anforderungsbeschreibung der Ideen, den spezifischen Ablauf dieses Projektes und gezielte Ansprechpartner bei aufkommenden Fragen.

Die **Ideeneingabe** sollte ebenfalls einfach und problemlos mittels Eingabehilfen, Editoren oder Toolkits gestaltet werden.[150] Toolkits sind dabei vom Unternehmen bereitgestellte Instrumente, um Produkte selbständig zu entwickeln, Entwürfe nach dem Baukastensystem auszuprobieren und so immer neue Variationen der Idee erstellen zu können.[151]

Ein weiteres wichtiges Kriterium stellt die **Auswahl und Prämierung** der Teilnehmer dar. Die Auswahlkriterien und der Auswahlprozess sollten transparent und nachvollziehbar dargestellt werden. Die Prämierung stellt ein weiteres wichtiges Kriterium dar. So kann z.B. ein Ranking die Top-Ideengeber bzw. Gewinner besonders hervorheben, und dadurch können die Reputation der Teilnehmer

---

[147] Vgl. Kroeber-Riel, W., Gröppel-Klein, A., Konsumentenverhalten, 2013, S. 209ff.; vgl. Kreutzer, R. T., Praxisorientiertes Online-Marketing, 2014, S. 118ff.; vgl. Meffert, H. et al., Marketing, 2015, S. 660f. vgl. Noé, M., Innovation 2.0, 2013, S. 30f.
[148] *Möglichkeit, sich über ein angelegtes Profil via Social Media Account einzuloggen.*
[149] Vgl. Finzen, J. et al., Innovation Mining, 2010, S. 75f.
[150] Vgl. Finzen, J. et al., Innovation Mining, 2010, S. 75f.
[151] Vgl. Blohm, I., Open Innovation Communities, 2013, S. 24f.; vgl. Lange, C., Kunde als Partner, 2014, S. 19; vgl. Trommsdorff, V., Steinhoff, F., Innovationsmarketing, 2013, S. 344.

und deren Motivation gefördert werden.[152] Das Entlohnungssystem der Ideen sollte transparent und offen in der CC dargestellt werden.[153]

Die Kriterien des Seitenaufbaus beinhalten gestalterische Aspekte von Creative Communities, also das Design und die Usability der Communities. Das **Design** der Seite umfasst dabei ästhetische Aspekte der CCs, z.b. die Verwendung von Farben, Schriften oder Bildwelten. Die **Usability** bzw. die Bedienbarkeit einer Community beinhaltet das intuitive Verständnis der Creative Community sowie deren Inhalte aus Nutzersicht.[154] Die Community sollte übersichtlich durch verschiedene Kategorien oder Bereiche anhand von Unterseiten aufgeteilt und die gewünschten Inhalte schnell und einfach auffindbar sein, z.b. über platzierte Verlinkungen für einen punktgenauen Zugriff auf einzelne Inhalte.[155]

Die Ideen anderer Teilnehmer einsehen und auch kommentieren sowie bewerten zu können, stellt einen grundlegenden Aspekt dar, um die Kommunikation sowie die Auseinandersetzung mit Fragestellungen bezüglich des Unternehmens und dessen Angebot zu fördern.[156] Weitere Instrumente zur **Kommunikationsförderung** wie Blogs, Foren, private Chatrooms, Teamräume, Social Media Links, Wikis oder Nachrichtenservices für die Teilnehmer können in Creative Communities eingebaut werden.[157] Dabei geht es primär darum, emotionale Verbindungen zwischen den Nutzern und dem Unternehmen zu schaffen. Kommunikationsregeln in Form einer Netiquette sind heute in Blogs und Foren fester Bestandteil und auch für Communities entsprechend anwendbar.[158]

Durch angelegte **Profile der Teilnehmer** wird dem Bedürfnis nach Selbstdarstellung der Teilnehmer in einer Community entsprochen.[159] Dazu bestehen verschiedene Eingabefelder für die Profilerstellung wie Name, Interessen, Herkunft,

---

[152] Vgl. Holland, H., Hoffmann, P., Crowdsourcing-Kampagnen, 2014, S. 329; vgl. Jande, R., Optimierung der Integrationsbereitschaft des Kunden, 2014, S. 32; vgl. Möller, M., Online-Kommunikationsverhalten von Multiplikatoren, 2011, S. 55; vgl. Reichelt, J., Informationssuche und Online WOM, 2013, S. 232.
[153] Vgl. Leimeister, J. M., Zogaj, S., Crowdsourcing, 2013, S. 47.
[154] Vgl. Möhlenbruch, D. et al., Instrumente des Web 2.0, 2013, S. 477.
[155] Vgl. Kreutzer, R. T., Praxisorientiertes Online-Marketing, 2014, S. 122.
[156] Vgl. Finzen, J. et al., Innovation Mining, 2010, S. 75f.
[157] Vgl. Blohm, I., Open Innovation Communities, 2013, S. 30; vgl. Kreutzer, R. T., Praxisorientiertes Online-Marketing, 2014, S. 118ff.; vgl. Reichelt, J., Informationssuche und Online WOM, 2013, S. 59.
[158] Vgl. Möller, M., Online-Kommunikationsverhalten von Multiplikatoren, 2011, S. 57; vgl. Solmecke, C., Wahlers, J., Recht im Social Web, 2014, S. 494.
[159] Vgl. Kreutzer, R. T., Praxisorientiertes Online-Marketing, 2014, S. 118ff.; vgl. Reichelt, J., Informationssuche und Online WOM, 2013, S. 95ff.

Bildung oder Aktivitäten. Von einfachen Nutzerprofilen bis hin zu Avataren können Profile der Teilnehmer angelegt werden.[160]

Um die Teilnehmer an die CC zu binden und ihre Begeisterung zu erhöhen, können **Moderatoren** eingesetzt werden, die einen kontinuierlichen Austausch der Mitglieder untereinander und zum Unternehmen fördern.[161] Zu den Aufgaben der Moderatoren gehören die schnelle und persönliche Beantwortung von aufkommenden Fragen, Schaffung von Vertrauen und Motivation durch anerkennendes Feedback sowie eine Eskalation von Problemen zu vermeiden.[162] Die Moderatoren sollten stets Präsenz zeigen, die Teilnehmer ernst nehmen, anstößigen sowie beleidigenden Beiträgen entgegenwirken, einen freundlichen Umgangston der Community fördern, Kritik berücksichtigen und ein Gemeinschaftsgefühl aufbauen.

Die Schaffung von **Erlebnissen** aus Teilnehmersicht stellt einen weiteren essenziellen Aspekt bei der Förderung der Kreativität einerseits und der Bindung durch Teilnehmer an die CCs andererseits dar. Der Anreiz zur Beteiligung aus Kundensicht wird durch ein Erlebnis, wie das Streben nach Abenteuern, verstärkt.[163] Dies beinhaltet Aspekte des Infotainments wie persönliche Treffen der Community, Einladungen zu Events oder Gamification-Ansätze zur Anreizsteigerung.[164] Bei Letzteren handelt es sich um die Anwendung spieltypischer Elemente und Prozesse im spielfremden Kontext wie Highscores, Fortschrittsbalken, Ranglisten oder virtuelle Auszeichnungen.[165]

Die Tabelle 3.4 zeigt die Bewertungskriterien der Creative Communities im Überblick. Die Beschreibung der jeweiligen Kriterien erfolgt anhand der Auflistung von möglichen entstehenden Fragestellungen.

---

[160] *Avatare können von einer zeichnerischen Karikatur bis zu künstlich erschaffenen Personen reichen.*
[161] Vgl. Reichelt, J., Informationssuche und Online WOM, 2013, S. 233.
[162] Vgl. Corves, A., Hundertmark, D., Reziprozität in der Markenführung und Marktforschung, 2015, S. 279f.; vgl. Leimeister, J. M., Zogaj, S., Crowdsourcing, 2013, S. 44f.
[163] Vgl. Kroeber-Riel, W., Gröppel-Klein, A., Konsumentenverhalten, 2013, S. 149.
[164] Vgl. Schüller, A. M., Fuchs, G., Total Loyalty Marketing, 2013, S. 224f.
[165] Vgl. Unger, T., Gamification, 2015, S. 190.

Tabelle 3.4   Kriterien zur Gestaltung von kundenorientierten Creative Communities

Kriterium	Beschreibung
Ausschreibung	*Sind die Ideenausschreibungen intuitiv auffindbar, z.B. auf der Startseite? Wird eine Vielzahl an Ausschreibungen angeboten? ...*
Allgemeine Informationsversorgung und rechtliche Aspekte	*Sind Anleitungen, u.a. in Form von Videos, vorhanden? Sind FAQ dargestellt? Besteht die Möglichkeit, einen Newsletter zu abonnieren? Sind AGB, Angaben zum Datenschutz, der Datensicherheit und des geistigen Eigentums ausführlich beschrieben und auffindbar? ...*
Registrierung	*Verlief die Registrierung problemlos und schnell? Wurden dem Teilnehmer Hilfestellungen geboten? Besteht die Möglichkeit eines Social Log-ins? ...*
Detaillierte Informationen zum Projektablauf	*Wie wird der weitere Projektablauf für den Teilnehmer geschildert? Sind Angaben zur genauen Prämienhöhe gegeben? ...*
Ideeneingabe	*Gestaltet sich die Ideeneingabe einfach und problemlos? Sind Eingabehilfen und/oder Toolkits vorhanden? ...*
Auswahl und Prämierungen	*Werden die Auswahlkriterien und der -prozess in der CC transparent kommuniziert? Bestehen Rankings der Ideengeber bzw. -gewinner? ...*
Design der Community	*Wie ist die Farbgestaltung der CC? Wie werden Bildwelten und Schriften verwendet? ...*
Usability	*Sind der Aufbau und die Bedienbarkeit der CC selbsterklärend? Sind die gewünschten Unterseiten schnell auffindbar? ...*
Kommunikationsförderung	*Sind die Ideen anderer Teilnehmer einseh- und kommentierbar? Welche weiteren Kommunikationsmöglichkeiten wie Blogs oder Foren bestehen? ...*
Profile der Teilnehmer	*Wie ausführlich ist die Profildarstellung der Teilnehmer? Welche Aspekte zur Profilerstellung werden abgefragt? ...*
Moderation	*Wie gestaltet sich die Moderation? Zeigen sich die Moderatoren präsent? Wie wird auf Anfragen reagiert und Feedback erteilt? ...*
Erlebnisse	*Welche Maßnahmen werden ergriffen, um Erlebnisse, wie persönliche Treffen, Events etc., zu schaffen? ...*

Quelle: Eigene Darstellung.

Nachdem die Kriterien zur Gestaltung von kundenorientierten CCs erläutert wurden, erfolgt im folgenden Kapitel die Ergebnisdarstellung der vergleichenden Analyse durch Anwendung der bereits dargestellten Kriterien.

3.1.3 Vergleichsergebnisse und Bewertung

Die Datenerhebung nach den geschilderten Kriterien erfolgte durch eine Form der Primärforschung.[166] Diese kann grundsätzlich durch Befragung, Beobachtung oder ein Experiment durchgeführt werden.[167] Im Rahmen dieses Buches wurde die Form der Beobachtung gewählt durch Anwendung des sog. **Mystery-Ansatzes**. Bei diesem werden durch teilnehmende Beobachtung authentische Einblicke durch die „Augen der Kunden" gewonnen.[168] Dabei bleibt die beobachtende Person unbekannt, indem sie als ein Teilnehmer der Creative Community auftritt und so ihre Anwesenheit in den Creative Communities erklärt.[169] Dazu erfolgte in den sechs CCs jeweils eine Registrierung und die Erstellung eines fiktiven Teilnehmerprofils.[170]

Das geschilderte Vorgehen ist der qualitativen Marktforschung zuzuordnen. Aufgrund des Forschungsansatzes und der geringen Fallzahl kann somit keine Repräsentativität gegeben sein.[171]

Um die einzelnen CCs vergleichend bewerten zu können, wurde der Erfüllungsgrad der Kriterien nach einer vierstufigen Skala verglichen. Abbildung 3.1 zeigt die Skalenwerte für die Community-Bewertung.

---

[166] Vgl. Koch, J., Marktforschung, 2012, S. 4f.; vgl. Weis, H. C., Steinmetz, P., Marktforschung, 2012, S. 171f.
[167] Vgl. Koch, J., Marktforschung, 2012, S. 42ff.
[168] Vgl. Kreutzer, R. T., Praxisorientiertes Marketing, 2013, S. 121.
[169] Vgl. Berekoven, L. et al., Marktforschung, 2009, S. 142; vgl. Hussy, W. et al., Forschungsmethoden, 2013, S. 27; vgl. Meffert, H. et al., Marketing, 2015, S. 147.
[170] *Der Beobachtungszeitraum umfasste die Zeit von September bis Dezember 2015.*
[171] Vgl. Weis, H. C., Steinmetz, P., Marktforschung, 2012, S. 37ff.

Abbildung 3.1 Skalenwerte für die Community-Bewertung

Skalenwert	☺☺	☺	☹	☹
Bedeutung	*voll erfüllt*	*hinreichend erfüllt*	*teilweise erfüllt*	*nicht erfüllt*

Quelle: Eigene Darstellung.

Die Skala reicht dabei von *voll erfüllt* bis *nicht erfüllt*. *Voll erfüllt* bedeutet, dass dieses Kriterium voll und ganz vorhanden und umgesetzt ist, *hinreichend erfüllt* beschreibt, dass es vorhanden und erfüllt ist, aber noch Potenzial zur vollen Erfüllung vorhanden ist. *Teilweise erfüllt* bedeutet, dass das Kriterium zwar Berücksichtigung findet, aber nicht ausreichend umgesetzt wurde. *Nicht erfüllt* steht für das Fehlen des Kriteriums.

Die Ergebnisse der differenzierten Analyse gibt Abbildung 3.2 im Überblick wieder. Aus wettbewerbsrechtlichen Gründen wurden die Firmennamen anonymisiert und die Reihenfolge verändert. Dies erscheint insofern gerechtfertigt, als das Ergebnis der Analyse nicht zu einem Ranking einzelner Communities führen soll, sondern der Identifizierung von Best-Practice-Ansätzen dient. Diese Ansätze stellen die Basis dar, um Erfolgsfaktoren für die Gestaltung von CCs ableiten zu können.

Betrachtet man die Ergebnisse genauer, so lässt sich zusammenfassend sagen, dass große Unterschiede bei der Anzahl der **Ideenausschreibungen** zu finden sind. Bei den meisten Communities bestehen laufend zahlreiche Ideenausschreibungen im Beobachtungszeitraum, andere bieten im betrachteten Zeitraum nur eine oder wenige Ausschreibungen an. Zudem sind in den meisten CCs die Ausschreibungen zentral platziert und leicht auffindbar.

Die **Informationsversorgung** der Teilnehmer fällt recht unterschiedlich aus. So besitzen nicht alle Creative Communities bspw. FAQ oder veröffentlichen die Bewertungskriterien der Ideenbewertung. Bei einigen CCs gestaltet sich die Anleitung zur Ideeneingabe sehr kreativ und ausführlich, z.B. in Form von virtuellen Rundgängen. Die **rechtlichen Aspekte** sind bei den meisten CCs umfangreich und umfassen neben den AGB und Nutzungsbedingungen zusätzliche Hinweise zum Schutz des geistigen Eigentums, Patentabsprachen, Cookie-Hinweise etc. Diese wurden aber nicht von allen Communities zentral und gut auffindbar platziert.

Abbildung 3.2 Ausprägung der Kriterien von Creative Communities

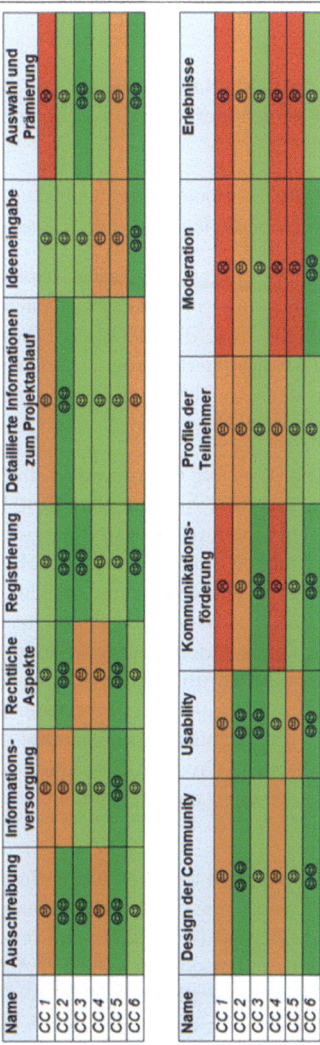

Quelle: Eigene Darstellung.

Die **Registrierung** bereitet bei keiner der Creative Communities Probleme. Die Ideensuche gestaltet sich bei dem Großteil der Communities intuitiv und einfach. Nur zwei CCs platzieren ihre Ideen nicht zentral und erschweren den Teilnehmern so das Auffinden.

Die **Informationen zum Projektablauf** variieren von Kurzbeschreibungen bis hin zu sehr ausführlichen Informationen und Vorgaben zu den gesuchten Ideenimpulsen.

Die **Ideeneingabe** erfolgt über spezielle Eingabemasken oder einfache freie Felder, die intuitiv und leicht zu bedienen sind und Hilfestellungen durch Eingabehilfen bieten.

Bei der **Auswahl der Ideen** könnten die Kriterien, nach welchen die Ideen bewertet werden, oder auch die Jury, die die Ideen bewertet, transparenter und offener dargestellt sowie kommuniziert werden. Die **Prämierung** der Teilnehmer erfolgt bei einem Großteil der CCs über Rankings oder Punkteskalen. Lediglich eine Community veröffentlicht die Ideengewinner gar nicht.

Im Rahmen des **Designs** der Creative Communities sind große Unterschiede zu erkennen, insbesondere hinsichtlich Ästhetik und Gestaltung. Einige der untersuchten CCs überraschen mit einem frischen und jungen Design, während andere Communities schlicht gehalten sind. Auch die **Usability** bzw. Bedienbarkeit gestaltet sich bezüglich der Orientierung aus Kundensicht sehr verschieden. Einige Creative Communities bieten eine übersichtliche, intuitive Menüführung, sodass Unterseiten schnell aufgefunden werden können. Bei anderen Communities ist die Anzahl von Unterseiten und Hyperlinks so groß, dass sich der Teilnehmer leicht verlieren kann. Hier gilt es aus Sicht der Betreiber der jeweiligen CCs, für Teilnehmer eine übersichtliche, transparente und einfach bedienbare Umgebung zu schaffen, da nicht davon ausgegangen werden kann, dass Teilnehmer lange Suchzeiten nach einer entsprechenden Seite auf sich nehmen werden.

Wesentliche Unterschiede sind auch bei der **Moderation** erkennbar. Im Großteil der Creative Communities sind keine persönlichen Ansprechpartner vorhanden, die regelmäßig Präsenz zeigen und die Kommunikation der Teilnehmer fördern. Meist wird auf ein Kontaktformular oder eine E-Mail-Adresse verwiesen. Lediglich eine CC zeigt das spielerische Element eines Avatares, welcher jederzeit präsent ist und auf Neuigkeiten oder Hilfestellungen verweist.

Bei der **Kommunikationsförderung** wurden deutliche Unterschiede in den verschiedenen Creative Communities identifiziert. Diesbezüglich ist insbesondere die Offenheit und Kommunikation zu nennen. So veröffentlicht ein Großteil der Communities die Ideen der Teilnehmer aus Datenschutzgründen nicht. Diese können anschließend aber auch nicht von anderen Teilnehmern kommentiert und so weiterentwickelt werden. Dies stellt nach dem in diesem Buch verwendeten Definitionsansatz aber eine wesentliche Eigenschaft der CCs dar,[172] um durch Austausch und Kreativität der Teilnehmer gemeinsame Weiterentwicklung zu betreiben und qualitativ bessere Ideen zu erschaffen und die Kundenbindung zu fördern. Auch die Möglichkeit, aus Unternehmenssicht einzugreifen, ebenfalls Kommentare zu verfassen und so in einen Austausch mit den Teilnehmern zu treten, wird so unterbunden. Zudem bieten einige Creative Communities auch keine weiteren Kommunikationskanäle wie Chats etc. an. Wenige Communities haben zum Mitgliederaustausch im geschützten Bereich einen Nachrichtenservice. Die Mitglieder können sich dann über ihre öffentlichen Profile suchen, finden und in Kontakt treten, ähnlich wie in sozialen Netzwerken. Auch die Kommunikation zum Unternehmen bzw. zu Intermediären funktioniert bei einigen CCs nach diesem Prinzip. Verhaltensregeln für die Community, z.B. in Form von Netiquette-Hinweisen für einen respektvollen Umgang miteinander, findet sich in keiner der Communities.

Bei dem Aufbau von **Erlebnissen** bestehen besonders große Unterschiede. So konnten bei einigen Creative Communities keine Ansätze für emotionale Erlebnisse identifiziert werden, wohingegen andere durch Events, Geschichten, persönliche Community-T-Shirts oder personalisierte Moderation in Form von Avataren nachhaltige Erlebnisse schaffen.

Zusammenfassend lässt sich aus der vergleichenden Analyse ableiten, dass es Kriterien der Creative Communities gibt, die in allen Communities berücksichtigt werden. Andere Kriterien werden aber sehr unterschiedlich stark beachtet und umgesetzt. Ein gravierender Unterschied besteht etwa in der Offenheit der Inhalte der CCs. Viele Communities folgen dem geschlossenen Ansatz, indem das Problem zwar offen ausgeschrieben wird, Ideen und Lösungsansätze aber nicht in der Community veröffentlicht werden. Starke Unterschiede bestehen auch bei der Ideendiskussion: Nicht alle Communities ermöglichen das Kommentieren der eingereichten Ideen, wodurch dann eine Diskussion entstehen kann.

In Summe konnten besonders eklatante Unterschiede ermittelt werden hinsichtlich der Schaffung von **Erlebnissen**, der persönlichen Kommunikationspflege und Betreuung der Teilnehmer durch eine professionelle **Moderation** sowie

---

[172] Zur Definition von CCs siehe Kapitel 2.2.1.

weiterer Möglichkeiten zur **Förderung der Kommunikationen** zwischen den Teilnehmern und Unternehmen sowie den Teilnehmern untereinander.

Interessant erscheint es nun, die Ergebnisse der Analyse auf das Konzept des Kano-Modells zu übertragen, um zu identifizieren, welche Kriterien bei den Teilnehmern von Creative Communities Unzufriedenheit, Zufriedenheit oder sogar Begeisterung auslösen können.

3.2 Erfolgsfaktoren nach dem Kano-Modell

3.2.1 Grundlagen des Kano-Modells

Das sog. Kano-Modell unterscheidet die kundenseitige Wahrnehmung von Leistungsmerkmalen in drei Gruppen, die jeweils unterschiedlich großen Einfluss auf die Kundenzufriedenheit ausüben:[173]

1. Basisanforderungen
2. Leistungsanforderungen
3. Begeisterungsanforderungen

Das Modell basiert auf dem (Dis-)Confirmation-Paradigma, welchem die Annahme zugrunde liegt, dass Kundenzufriedenheit durch einen Vergleichsprozess des Kunden entsteht, indem dieser die eigenen Erwartungen an eine Leistung mit der tatsächlich erbrachten Leistung seitens des Unternehmens bzw. der Community gegenüberstellt. Werden die Erwartungen erfüllt oder sogar übertroffen, kann eine besonders hohe Kundenzufriedenheit und sogar Begeisterung entstehen, die in eine langfristige Kundenbindung münden kann.[174]

Die **Basisanforderungen** (oder auch **Muss**-Faktoren) umfassen alle Leistungskomponenten, deren Erfüllung ein Teilnehmer einer Creative Community prinzipiell voraussetzt. Diese werden nicht direkt artikuliert und sind seitens des Unternehmens als selbstverständlich anzusehen. Eine Übererfüllung der Erwartungen des Teilnehmers führt nicht zu einer Steigerung der Zufriedenheit. Bei

---

[173] Vgl. Bruhn M., Relationship Marketing, 2016, S. 81.
[174] Vgl. Kreutzer, R. T., Praxisorientiertes Marketing, 2013, S. 163.

Nichterfüllung wird ein Teilnehmer hingegen sehr unzufrieden,[175] weshalb diese Faktoren auch als „Penalty-Faktoren" („Strafstoß") bezeichnet werden.[176] Die zweite Anforderungskategorie sind die **Leistungsanforderungen** oder auch **Soll**-Faktoren. Entsprechen sie den Erwartungen nicht, kommt Unzufriedenheit auf, werden diese hingegen übertroffen, steigt die Zufriedenheit des Kunden deutlich.[177] Diese Anforderungen werden von den Teilnehmern häufig offen artikuliert und sind dann seitens des Unternehmens evident und messbar.[178]

Die sog. **Begeisterungsanforderungen** (**Kann**-Faktoren) stellen die dritte Kategorie von Leistungsmerkmalen dar. Ihr Fehlen führt nicht zur Unzufriedenheit, da ein Teilnehmer sie nicht erwartet. Ihr Vorhandensein hingegen führt nicht nur zu einer hohen Zufriedenheit, sondern begeistert.[179] Diese Bedürfnisse werden nicht artikuliert, da sich ein Teilnehmer dieser Bedürfnisse nicht bewusst ist.[180] Deshalb werden sie auch als sog. „Reward-Faktoren" (Belohnungsfaktoren) angesehen. Sie werden von Wettbewerbern nicht angeboten und eröffnen deshalb die Chancen für echte Wettbewerbsvorteile.[181]

Das Ziel der Gestaltung von Creative Communities entsprechend dem Kano-Modell sollte das Übertreffen der Erwartungen der Teilnehmer sein. Denn während sich zufriedene Mitglieder einer CC in einem Zustand der Ruhe befinden, sind die begeisterten emotional aufgeladen und deshalb stärker aktiv und kreativ, was gerade im Hinblick auf die Teilnahme an Communities als besonders erstrebenswert erscheint.

Die Abbildung 3.3 zeigt die geschilderten Zusammenhänge des Kano-Modells auf.

---

[175] Vgl. Haller, S., Dienstleistungsmanagement, 2015, S. 55f.; vgl. Trommsdorff, V., Teichert, T., Konsumentenverhalten, 2011, S. 315.
[176] Vgl. Meffert, H. et al., Dienstleistungsmarketing, 2015, S. 224.
[177] Vgl. Trommsdorff, V., Teichert, T., Konsumentenverhalten, 2011, S. 315f.; vgl. Kreutzer, R. T., Praxisorientiertes Marketing, 2013, S. 163.
[178] Vgl. Bruhn M., Relationship Marketing, 2016, S. 81.
[179] Vgl. Trommsdorff, V., Teichert, T., Konsumentenverhalten, 2011, S. 316f.
[180] Vgl. Bruhn M., Relationship Marketing, 2016, S. 81.
[181] Vgl. Haller, S., Dienstleistungsmanagement, 2015, S. 55, vgl. Meffert, H. et al., Dienstleistungsmarketing, 2015, S. 224.

Abbildung 3.3 Das Kano-Modell der Zufriedenheit

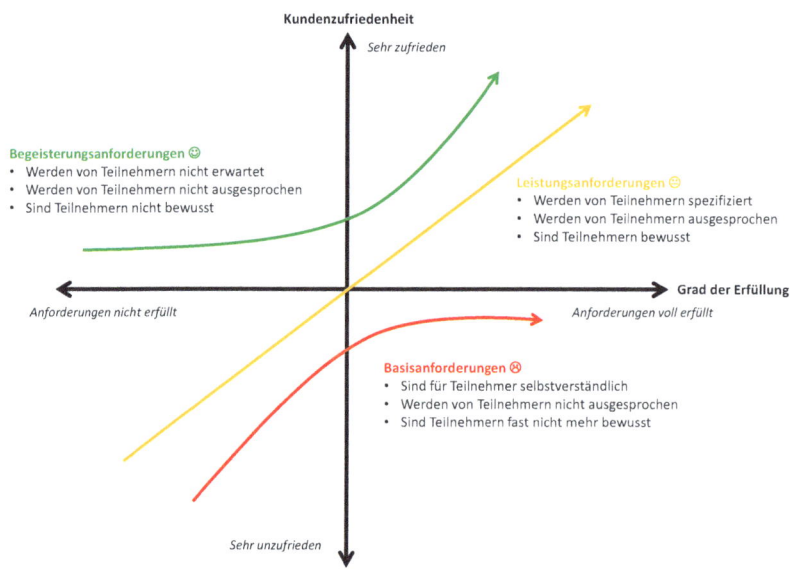

Quelle: Eigene Darstellung in Anlehnung an:
Trommsdorff, V., Steinhoff, F., Innovationsmarketing, 2013, S. 243.

Bezogen auf die Gestaltung von Creative Communities kann nun die Zuordnung der untersuchten Kriterien nach dem Kano-Modell erfolgen. Dazu ergeben sich zwei zentrale Fragestellungen:

- Wie lassen sich die Kriterien den drei Anforderungsdimensionen zuordnen?
- Welche Ausgestaltungen sollten die jeweiligen Kriterien aufweisen, damit sie keine Unzufriedenheit auslösen, sondern vielmehr Zufriedenheit und sogar Begeisterung bei den Teilnehmern schaffen?

Die Beantwortung dieser Fragen sowie die Zuordnung der Kriterien in die drei Anforderungsdimensionen erfolgt in den folgenden Kapiteln. Als Grundlage dienen die im Rahmen dieser Publikation ermittelten Kriterien sowie deren unterschiedlichen Ausprägungen in den analysierten Creative Communities (Kapitel 3.1.2 und 3.1.3).[182]

3.2.2 Basisfaktoren

An dieser Stelle sei noch einmal kurz darauf hingewiesen, dass die Basisfaktoren die Mindestanforderungen aus Teilnehmersicht darstellen, damit keine Unzufriedenheit der Teilnehmer entsteht. Über diese können sich also Community-Betreiber nicht von anderen Creative Communities unterscheiden und positiv abheben.

In dieser Kategorie ist zunächst das bereits erläuterte Kriterium **Ausschreibung** zu nennen. Als grundlegende Voraussetzung ist anzusehen, dass die Ideenausschreibungen in jeder Creative Community für die Teilnehmer leicht aufzufinden sind, z.b. auf der Startseite, und dass den Teilnehmern eine Auswahl an mehreren potenziellen Projekten angeboten wird. So sind in regelmäßigen Abständen Projekte und Ideenwettbewerbe ansprechend auszuschreiben und veraltete entsprechend zu entfernen. Auch die **Erläuterungen zu rechtlichen Bedingungen** sind ein Muss einer jeden CC.[183] Dazu gilt es, insbesondere Aspekte des geistigen Eigentums, des Datenschutzes, der Urheber-, Patent- und Schutzrechte zu klären.[184] Sobald ein veröffentlichter Text in einer CC ein Minimum an Kreativität und Eigenleistung besitzt, ist dieser eine persönliche geistige Schöpfung im Sinne des Urheberrechts,[185] und das Unternehmen hat vom Teilnehmer sein Einverständnis zur Veröffentlichung sowie das Nutzungsrecht der Idee einzuholen.[186] Das Impressum ist mit Angaben der AGB und Nutzungsbedingungen Pflichtbestandteil einer CC.[187] Für Newsletter oder sonstige Benachrichtigungen sind Einwilligungserklärungen des Teilnehmers einzuholen.[188]

---

[182] *Die Anhänge A1 und A2 zeigen die Ergebnisse der CC-Untersuchung anhand der aufgestellten Kriterien und die daraus abgeleitete Zuordnung zu den Anforderungsdimensionen des Kano-Modells.*
[183] Vgl. Bedenk, S., Stich, A., Innovation mit Kunden, 2015, S. 80.
[184] Vgl. Del Henar Alcalde Heras, M., Kamp, B., IP and open innovation, 2012, S. 45; vgl. Hofbauer, G., Customer Integration, 2013, S. 24; vgl. Noé, M., Innovation 2.0, 2013, S. 252; vgl. Pelzer, C., Burgard, N., Co-Economy, 2014, S. 31; vgl. Solmecke, C., Wahlers, J., Recht im Social Web, 2014, S. 21.
[185] *Grundlagen Übertragung Nutzungsrechte: Urheberrechtsgesetz Teil 1: (§§ 1-69) sowie Teil 2: (§§ 70-87) und verwandte Schutzrechte Teil 4: (§§ 95-119).*
[186] Vgl. Solmecke, C., Wahlers, J., Recht im Social Web, 2014, S. 154.
[187] *Rechtliche Grundlage z.B. §5 Telemediengesetz: Allgemeine Informationspflichten.*
[188] Vgl. Lammenett, E., Praxiswissen Online-Marketing, 2014, S. 97.

Auch die **allgemeine Informationsversorgung** für die Teilnehmer ist unerlässlich. Anleitungen durch virtuelle Rundgänge und Informationen zum Unternehmen bzw. Plattformbetreiber, FAQs und Angaben zum Datenschutz sind heute Voraussetzungen für das ordnungsgemäße Betreiben einer Community. Die **Registrierung** ist ebenfalls eine generelle Anforderung, die problemlos für den Kunden gestaltet werden muss. Der Registrierungsvorgang für den Teilnehmer ist durch wenige Klicks und eine selbsterklärende Menüführung mit Erläuterungen der einzelnen Eingabefelder zu gestalten. Die Verknüpfung mit sozialen Medien und eine entsprechende Anmeldung über ein Social Log-in ist heute in Zeiten des Web 2.0 und Social Media ein erwarteter Standard. Auch weitere **detaillierte Informationen zum Projektablauf** werden von Teilnehmern als Selbstverständlichkeit angesehen, da sie verständlicherweise vorab erst einmal informiert werden möchten, bevor sie dem Unternehmen ihr wertvolles Wissen bereitstellen.

Wie sind die nächsten weiteren Schritte aus Teilnehmersicht? Wie hoch ist die Prämie? Welche generellen Voraussetzungen muss ich für das Ideenprojekt mitbringen? Diese und weitere generelle Fragstellungen zu einem Ideenprojekt sind seitens der Community für Teilnehmer darzustellen und zu klären. Auch die **problemlose Abgabe der Ideen** ist eine Grundvoraussetzung einer CC. Sollten hier für den Teilnehmer Probleme auftauchen, z.B. dass er durch die bereitgestellten Tools seine Ideen nicht umgehend und einfach äußern kann oder sogar durch technische Probleme dabei gestört wird, so ist davon auszugehen, dass er nicht noch mehr Mühe investiert, um sein Wissen für das Unternehmen zur Verfügung zu stellen.

Die geschilderten Muss-Faktoren für das Betreiben einer CC sind in Tabelle 3.5 noch einmal zusammengefasst.

Tabelle 3.5	Basisanforderungen von Creative Communities mit konkreten Ausgestaltungsbeispielen

Kriterium	Bestehende Basisanforderungen für CCs
Ausschreibung	*Ideenausschreibungen sind auf der Startseite zu finden* *Angebot von verschiedenen aktuellen Ausschreibungen* *Information und Kommunikation von Ausschreibungen* ...
Allgemeine Informationsversorgung und rechtliche Aspekte	*Anleitungen und Erklärungen über die CC* *FAQ* *AGB, Angaben zum Datenschutz/Datensicherheit* *Aufklärungen zum geistigen Eigentum* ...
Registrierung	*Problemlose Registrierung durch wenige Klicks* *Hilfestellungen zur Registrierung* *Social Log-in* ...
Detaillierte Informationen zum Projektablauf	*Schilderung des Projektablaufs für Teilnehmer* *Kommunikation der Prämienhöhe* ...
Ideeneingabe	*Ideeneingabe ist einfach und durch wenige Klicks möglich* *Eingabehilfen und/oder Toolkits für Ideeneingabe* ...

Quelle: Eigene Darstellung.

3.2.3 Leistungsfaktoren

Die Leistungsanforderungen, durch die sich die untersuchten Creative Communities mitunter beachtlich voneinander unterscheiden und die im Fall der Übererfüllung deutlich erhöhte Zufriedenheitswerte auslösen können, beinhalten die in der Tabelle 3.6 genannten Kriterien.

Tabelle 3.6 Leistungsanforderungen von Creative Communities mit konkreten Ausgestaltungsbeispielen

Kriterium	Bestehende Leistungsanforderungen für CCs
Auswahl und Prämierungen	*Kommunikation der Auswahlkriterien* *Rankings der Ideengeber bzw. -gewinner* ...
Design der Community	*Ansprechende Farbgestaltung der CC* *Einsatz von Bildwelten und interaktiven Elementen* ...
Usability	*Selbsterklärender Aufbau der CC* *Intuitive Bedienbarkeit* *Unterseiten sind schnell auffindbar* ...

Quelle: Eigene Darstellung.

Bei der **Auswahl und der Prämierung** fallen beachtliche Unterschiede zwischen den Communities auf. Die Auswahlkriterien, nach denen eingereichte Ideen der Teilnehmer ausgewählt und bewertet werden, sollten deutlich für alle Teilnehmer veröffentlicht werden, damit sich diese bei der Festlegung des Gewinners nicht unfair behandelt fühlen. Das Gefühl der Transparenz sollte durch offene Prozesse und veröffentlichte Vorgehensweise seitens des Plattformbetreibers aufgebaut werden. Durch Rankings der Ideengeber oder eine Offenlegung der Ideen und Bewertung, z.B. nach Schulnoten, erreichen einige der untersuchten Communities genau dieses Gefühl der Offenheit und Fairness.

Ein weiterer Aspekt zur Differenzierung von anderen CCs stellt das **Design der Community** dar. Natürlich ist eine klare, einfache Struktur einer Community oftmals für die Navigation von Vorteil. Jedoch bestehen zu Zeiten der Informationsüberflutung und Big Data neue Möglichkeiten, sich online von anderen Communities abzuheben und die Aufmerksamkeit der Teilnehmer zu gewinnen. Moderne Communities erschaffen ganze Bilderwelten, zeigen eingebundene Videos und bieten den Teilnehmern eine frische, junge, manchmal auch „schrille" Farbgebung mit interaktiven Elementen an, um sich als eine innovative Plattform zu präsentieren.

Die **Usability** ist ein weiterer wichtiger Leistungsfaktor. Wer hat nicht schon online minutenlang auf einer überfüllten, neuen Homepage nach den richtigen Inhalten gesucht, um dann frustriert nach 20 Minuten aufzugeben, da aufgrund von langen Ladezeiten der Seite oder Unübersichtlichkeit die Inhalte partout nicht auffindbar waren? Genau diese Gefahr besteht auch und gerade bei CCs, weshalb eine umfassende, aber gleichzeitig auch einfache Navigation problemlos möglich gemacht werden sollte, damit der Teilnehmer sich nicht verliert und entnervt aufgibt. Eine einfache Menüführung mit sinnvollen Kategorien und einfacher Beschreibung, eine Suchfunktion für Inhalte und gezielt gesetzte Links zu Unterseiten stellen hier mögliche Instrumente dar.

Auch die **Profile der Teilnehmer** stellen eine gute Möglichkeit dar, um sich von anderen Communities abzuheben. In Zeiten von Social Media sind Internetnutzer mehr denn je auf Selbstdarstellung und Anerkennung aus. Mit wem habe ich es online zu tun? Bestehen gemeinsame Interessen der Teilnehmer? An welcher Idee arbeiten die anderen und wie kommen sie voran? All diese Fragen aus Teilnehmersicht lassen sich durch angelegte Profile klären. Die Möglichkeit, sich online in der Community als Persönlichkeit darzustellen, trägt zum Selbstbewusstsein und zur Motivation der Teilnehmer bei. Hochgeladene Profilfotos, Kurzbeschreibungen zur eigenen Person, ein Aktivitätenprotokoll und auch die Möglichkeit, zu anderen Teilnehmern Kontakt aufzunehmen, das sind Funktionen, die die Nutzer bereits aus sozialen Netzwerken im Privatbereich kennen. Diese können auch von den Betreibern einer CC genutzt werden, um mehr über die persönliche Ebene der Teilnehmer zu erfahren und diese gezielter anzusprechen.

3.2.4 Begeisterungsfaktoren

Da die Begeisterungsanforderungen jene Faktoren darstellen, die in Bezug auf Creative Communities die Bereitschaft der Teilnehmer fördern, sich intensiv mit den Fragestellungen und Problemen der Unternehmen auseinanderzusetzen sowie denkbare Lösungsansätze und Ideen einzubringen, sind sie im Rahmen dieser Publikation von besonderem Interesse. Zudem vermögen sie als potenzielle Wettbewerbsfaktoren gegenüber anderen Communities zu fungieren.

Im Rahmen der empirischen Erhebung wurde ermittelt, dass insbesondere bei der **Kommunikationsförderung,** der **Moderation** sowie bei dem Aufbau von **Erlebnissen** in der Praxis ein erheblicher Aufholbedarf zu erkennen ist. Da diese Bestandteile primär die Motive des Menschen und Gefühlsabläufe betreffen, sind sie am schwersten in der Praxis umfassend zu erfüllen und stellen für Unternehmen bzw. Plattformbetreiber somit die anspruchsvollsten Kriterien dar. Tabelle 3.7 zeigt diese Kriterien mit bestehenden Anforderungen für Creative Communities.

Tabelle 3.7 Begeisterungsanforderungen von Creative Communities mit konkreten Ausgestaltungsbeispielen

Kriterium	Bestehende Begeisterungsanforderungen für CCs
Kommunikations-förderung	*Ideen anderer Teilnehmer kommentieren und bewerten* *Kommunikation über Blogs, Foren, Chats bieten* ...
Moderation	*Unternehmen ein Gesicht geben* *Verständnisvoller Ansprechpartner für Teilnehmer sein* *Auf Probleme umgehend eingehen und Feedback geben* ...
Erlebnisse	*Persönliche Treffen* *Teilnehmerevents* *Exklusive Vorteile/Wissensvorschuss für Teilnehmer* ...

Quelle: Eigene Darstellung.

Welche entsprechenden Maßnahmen zur **Kommunikationsförderung** sind zu ergreifen, um Begeisterung bei Teilnehmern zu erzielen? Ein wesentlicher Erfolgsfaktor für die Teilnehmermotivation stellt die Transparenz der eingereichten Ideen anderer Teilnehmer dar. Wie bereits erwähnt, liegt die Zielsetzung von Creative Communities darin, Ideen anderer Teilnehmer einzusehen, sich mit diesen auseinanderzusetzen, sie zu bewerten, zu kommentieren und kollaborativ weiterzuentwickeln. In CCs, die die Ideen anderer Teilnehmer veröffentlichen und dazu ein Profil vom Verfasser anzeigen, sind die Teilnehmer eher dazu motiviert, mit diesem Teilnehmer Kontakt aufzunehmen und an den Ideen weiterzuarbeiten. Auch die Anwendungen des Web 2.0, wie z.B. Blogs, Foren, Chaträume etc., für einen privaten Austausch und für das Einholen von Tipps, Ideen und Hilfe können die Motivation und das Miteinander auf einer Plattform nachhaltig steigern.

Ein weiterer wesentlicher Faktor für das Gemeinschaftsgefühl in einer Creative Community ist die **Moderation**. Die Moderatoren auf der Plattform sind da, um die Kräfte der Masse zu bündeln und sie in die richtige Richtung zu lenken. Hilfestellungen anzubieten, jederzeit Ansprechpartner zu sein und proaktiv Konflikten sowie einer negativen Stimmung entgegenzuwirken, zählen ebenfalls zu den Aufgaben der Moderatoren. Ein Best-Practice-Beispiel stellt hier die Community *Neurovation* dar. Diese Community setzt einen Avatar in Form eines Männchens (Karikatur) ein, der jedes Mal nach dem Log-in erscheint. So wird die Aufmerksamkeit der Teilnehmer erhöht und ein Gefühl des „Zur-Seite-Stehens" entsteht. Der Plattform wird durch diesen „Ideencoach" ein Gesicht verliehen. Abbildung 3.4 stellt den Ideencoach von *Neurovation* kurz vor.

Abbildung 3.4   Ideencoach Neurovation

Wer ist der Ideacoach?

	Name	Mitch Buchannon, Ideacoach
	Geburtstag	17. Juli 1952
	Interessen	Schwimmen, Ideen
		Jede Ähnlichkeit mit lebenden oder fiktiven Personen ist rein zufällig ;)
	Mission	Diese Plattform zu deinem Platz für Ideen zu machen

Der Ideacoach ist deine erste Verbindung in der Plattform. Er soll dir die Plattform erklären und auch dabei helfen, deine Ideen auf der Plattform zu verbessern.

Um euch einen direkten Kanal für Probleme und Anregungen zur Plattform anzubieten, hat das "Neurovation.net"-Team beschlossen, sich in einer Person zu vereinen: dem Ideacoach. Obwohl das Ideacoach-Team aus mehreren "Kreativen" besteht, haben wir uns allesamt für einen männlichen Avatar entschieden. Und warum "Mitch"? Ganz im Ernst: wir fanden es einfach lustig ;) .

Deine Anregungen oder Fragen werden direkt an einen zuständigen Mitarbeiter weitergeleitet und so bald als möglich beantwortet.

Quelle: Neurovation GmbH, Neurovation FAQ, o.J., Onlinequelle.

Die nächsten Begeisterungsanforderungen stellen die **Erlebnisse** dar. Warum bewegen sich Teilnehmer in sozialen Netzwerken? Warum möchten sie ihre Ideen einbringen und sich intensiv online über das Angebot der Unternehmen informieren? Die Antwort hierauf liegt in tief verwurzelten Gefühlen und Streben der Menschen nach Neuem, nach Abenteuern und nach laufender Verbesserung. Kunden, die bereits seit einigen Jahren das Angebot eines Unternehmens wahrnehmen, fühlen sich diesem verbunden. Diese Kunden möchten den Unternehmen durch ihre Leistungen etwas zurückgeben. Genau hier greifen Creative Communities die Emotionen und insbesondere das Vertrauen der Kunden auf. Gemeinsame Events oder persönliche Treffen sowie ein „Community-T-Shirt" als Erkennungszeichen wurden in einigen der untersuchten Communities genutzt, um das Zusammengehörigkeitsgefühl der Teilnehmer einerseits zu erhöhen, aber auch, um über Erlebnisse und Gemeinsamkeiten ihr Interesse und ihre Motivation zu steigern. Auch exklusive Vorteile für Teilnehmer, wie vorzeitige Information über Neuerungen, Club-Mitgliedschaften/-Systeme oder ein Blick hinter die Kulissen, sind beispielhafte Mittel für den Aufbau von Begeisterung.

Es ist also festzuhalten, dass folgende Erfolgsfaktoren besonders wichtig sind, um die Teilnehmer nachhaltig für eine Creative Community zu begeistern:

- Ein aktiver Austausch der Teilnehmer untereinander (Kommunikationsförderung)

- Eine persönliche Begleitung (Moderation)

- Die Schaffung von Erlebnissen, die Abenteuer und Abwechslung bieten

Das folgende Kapitel widmet sich nun der Frage, welche Erkenntnisse sich für die Gestaltung der Erfolgsfaktoren aus Sicht der Neurowissenschaft ableiten lassen.

3.3 Erfolgsfaktoren nach neurowissenschaftlichen Erkenntnissen

3.3.1 Neurowissenschaftliche Grundlagen

Die Neurowissenschaft (Neuroscience) ist eine junge Forschungsrichtung, bei der Wissenschaftler aus unterschiedlichen Disziplinen, wie Biologen, Mediziner und Psychologen, zusammenarbeiten, um die Strukturen und Prozesse des menschlichen Nervensystems zu untersuchen und zu verstehen.[189] Ein Teilgebiet dieses multidisziplinären Ansatzes ist das Neuromarketing, das versucht, die neurowissenschaftlichen Fragestellungen und Erkenntnisse auf das Marketing zu

---

[189] Vgl. Raab, G. et al., Neuromarketing, 2013, S. 2; vgl. Bielefeld, K. W., Consumer Neuroscience, 2012, S. 55f.

übertragen, um dadurch Aufschlüsse darüber zu erhalten, wie Konsumenten sich verhalten und wie Unternehmen dieses Verhalten beeinflussen können.[190]

Eine der wesentlichen bisherigen Erkenntnisse der Neurowissenschaften ist, dass das gesamte menschliche Verhalten durch ein im Gehirn komplex verankertes System maßgeblich beeinflusst wird, das sog. **limbische System**.[191] Es besteht aus verschiedenen Hirnstrukturen und unterschiedlichen Funktionen, die „[...] alle am *unbewussten* Entstehen und an der Regulation von körperlichen Bedürfnissen, Affekten und Gefühlen beteiligt sind"[192]. Dieses System ist somit auch zuständig für die **emotionale Bewertung und Verarbeitung von Informationen** und beeinflusst dadurch das (unbewusste) Verhalten von Menschen.[193] Da die neuronalen Aktivitäten des limbischen Systems außerhalb der Großhirnrinde ablaufen, sind sie der bewussten Wahrnehmung eines Menschen nicht zugänglich.[194] Das „Bewusstsein unterliegt der Kontrolle des limbischen Systems", stellen auch Kroeber-Riel und Esch fest.[195]

Bei dem Treffen von Entscheidungen werden im menschlichen Gehirn somit unbewusste und bewusste sowie emotionale und kognitive Denkstrukturen miteinander verknüpft.[196] Die Abbildung 3.5 gibt zunächst einen groben Überblick über die zentralen Bereiche des Gehirns, und die Abbildung 3.6 zeigt dann die wichtigsten Strukturen und Funktionen des limbischen Systems auf.

Die emotionale Wirkung des limbischen Systems beeinflusst (unbewusst) alle kognitiven Prozesse und das subjektive Erleben von Konsumenten, ihre Bewertungen von Situationen, ihre Entscheidungen und Handlungen.[197]

---

[190] Vgl. Raab, G. et al., Neuromarketing, 2013, S. 5ff.; vgl. Taverna, N., Konsumentenverhalten, 2013, S. 13f.
[191] Vgl. Raab, G., Neuromarketing, 2013, S. 217ff.; vgl. Häusel, G., Brain View, 2014, S. 86.
[192] Roth, G., Persönlichkeit, 2015, S. 66.
[193] Vgl. Raab, G., et al., Neuromarketing, 2013, S. 218; vgl. Pispers, R., Dabrowski, J., Neuromarketing im Internet, 2012, S. 67.
[194] Vgl. Taverna, N., Konsumentenverhalten, 2013, S. 172.
[195] Kroeber-Riel, W., Esch, F.-R., Strategie der Werbung, 2015, S. 226.
[196] Vgl. Kenning, P., Consumer Neuroscience, 2014, S. 77ff.; vgl. Taverna, N., Konsumentenverhalten, 2013, S. 107ff.
[197] Vgl. Häusel, H.-G., Brain View, 2014, S. 81f., vgl. Raab, G. et al., Neuromarketing, 2013, S. 200ff.; vgl. Taverna, N., Konsumentenverhalten, 2013, S. 172.

| Abbildung 3.5 | Zentrale Bereiche des Gehirns |

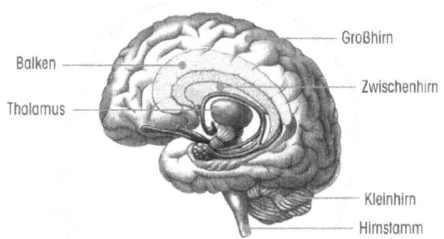

Quelle: Pispers, R., Dabrowski, J., Neuromarketing in Internet, 2012, S. 67.
Zur detaillierten Darstellung und Erläuterung der einzelnen Bereiche des Gehirns vgl. z.B. Roth, G., Persönlichkeit, 2015, S. 54ff.

| Abbildung 3.6 | Überblick über das limbische System mit wichtigen Funktionen |

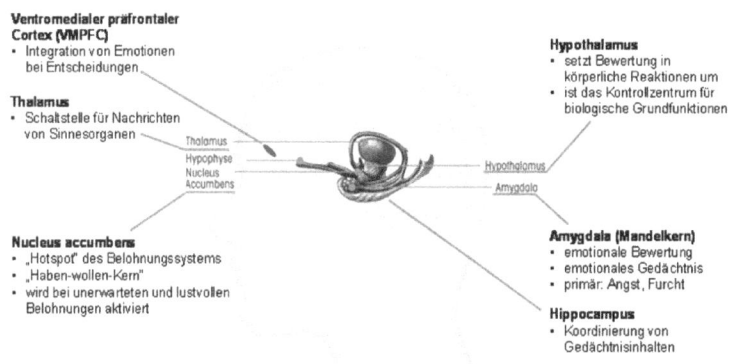

Quelle: In Anlehnung an:
Pispers, R., Dabrowski, J., Neuromarketing im Internet, 2012, S. 67ff.;
vgl. Roth, G., Persönlichkeit, 2014, S. 65ff.

Nach dem „**Law of Effects**" streben Menschen belohnende Zustände an, während sie Bestrafung vermeiden.[198] Bestrafende Reize werden generell als diejenigen Stimuli definiert, die ein Vermeidungs- bzw. Abwehrverhalten auslösen, wie z.b. Ekel, Schmerz, Geldverlust oder auch unfaire Angebote.[199] Als Belohnungen werden Aktivierungsmuster im Gehirn bezeichnet, die das Verhalten von Menschen positiv verstärken und sie damit zu einem bestimmten Verhalten motivieren.[200] Solche aktivierende Stimuli sind z.b. Essen, sexuelle Reize, aber auch Statussymbole, wie z.b. Sportwagen.[201] Ein ganz wesentliches Motiv menschlichen Verhaltens besteht somit darin, negative, „bestrafende" Reize zu vermeiden und diejenigen Zustände anzustreben bzw. zu erzielen, die als möglichst angenehm, freud- bzw. lustvoll, positiv und belohnend empfunden werden.[202] Neurowissenschaftlich betrachtet wird dabei das **Belohnungszentrum** im Gehirn aktiviert, das aus mehreren Teilen des limbischen Systems besteht.[203] Als zentraler Bereich des Belohnungszentrums wird das Striatum, primär der **Nucleus accumbens** angesehen, der zum **mesolimbischen Dopaminsystem** gehört.[204]

Erwartet ein Mensch eine Belohnung, so wird im Nucleus accumbens der **Neurotransmitter Dopamin** verstärkt ausgeschüttet, was die lustbetonten, beglückenden Empfindungen von Menschen steigert.[205] Dies löst ein erhöhtes Erregungspotenzial in mehreren Gehirnarealen aus und führt zu einer Steigerung des Antriebs und der Motivation zum Handeln.[206]

Durch Erfahrungen entwickelt sich das Belohnungsgedächtnis, das die Grundlage für die Belohnungserwartung bildet.[207] Je höher die Belohnungserwartung ist,

---

[198] Vgl. Kenning, P., Consumer Neuroscience, 2014, S. 76. *In der Motivationspsychologie wird dies analog als Appetenz (Streben nach Positiven) und Aversion (Vermeidung von Negativen) bezeichnet*, vgl. z.B. Roth, G., Persönlichkeit, 2013, S. 296f.
[199] Vgl. Hubert, M., Kenning, P., Neurobiologische Grundlagen, 2011, S. 209; vgl. Taverna, N., Konsumentenverhalten, 2013, S. 79.
[200] Vgl. Kenning, P., Consumer Neuroscience, 2014, S. 206; vgl. Taverna, N., Konsumentenverhalten, 2013, S. 74f.
[201] Vgl. Hubert, M., Kenning, P., Neuronale Grundlagen, 2011, S. 209; vgl. Häusel, H.-G., Wissenschaftliche Fundierung, S. 30f.
[202] Vgl. Kenning, P., Consumer Neuroscience, 2014, S. 76; vgl. Roth, G., Persönlichkeit, 2015, S. 191ff., S. 296; vgl. Taverna, N., Konsumentenverhalten, 2013, S. 74ff.
[203] Vgl. Kenning, P., Consumer Neuroscience, 2014, S. 76, S. 205.
[204] Vgl. Kenning, P., Consumer Neuroscience, 2014, S. 205f.; vgl. Häusel, H.-G., Wissenschaftliche Fundierung, 2011, S. 30.
[205] Vgl. Raab, G. et al., Neuromarketing, 2013, S. 82f.
[206] Vgl. Roth, G., Persönlichkeit, 2015, S. 195ff.; vgl. Tenzer, E., Warum wir kaufen, 2010, S. 38ff.
[207] Vgl. Roth, G., Persönlichkeit, 2015, S. 195; vgl. Häusel, H.-G., Wissenschaftliche Fundierung, 2011, S. 31.

desto mehr Dopamin wird ausgeschüttet und desto stärker äußert sich das Streben nach Belohnung.[208] Ist die Belohnung eingetreten, stellt sich zunächst Zufriedenheit ein, danach jedoch regt sich wieder das Streben nach erneuter Belohnung.[209]

Die neuronale Aktivierung des limbischen Systems, insbesondere des Belohnungssystems, ist somit eine wichtige Grundlage der Motivation und beeinflusst die Entscheidungen und das Verhalten von Menschen.[210] Auch die Entscheidung, an einer Creative Community teilzunehmen, sich einzubringen und dort aktiv zu interagieren, wird somit von der Aktivierung des Belohnungssystems geprägt.

Entscheidungen und die daraus resultierenden Handlungen von Menschen lassen sich somit – stark vereinfacht – als ein neuronales Wechselspiel von Belohnung und Bestrafung verstehen.[211] Durch umfangreiche empirische Studien zum Konsumentenverhalten von Knutson et al. unter Einsatz der **funktionalen Magnetresonanztomografie (fMRT)** konnten folgende wichtige neuronale Mechanismen, die für das Kaufverhalten relevant sind, identifiziert werden:[212] Das Striatum, insbesondere der **Nucleus accumbens,** reagiert primär auf belohnende Reize, die **Insula** insbesondere auf Schmerz und bestrafende Reize. Zudem wurde in der Studie ermittelt, dass die Integration dieser beiden Impulse und damit die Entscheidung zum konkreten Handeln in den **präfrontalen Strukturen** des Gehirns erfolgen. Ergänzende neuronale Studien zeigen ferner, dass weitere **moderierende Faktoren** wie Kontextinformationen und situative Faktoren, z.B. ein Referenzpreis, Einfluss auf die Kaufentscheidungen haben. Diese bedingen hauptsächlich neuronale Aktivitäten im **anterioren Cingulum**.[213] Ferner ist zu berücksichtigen, dass bei der Wahrnehmung von aversiven Reizen i.d.R. auch die **Amygdala** involviert ist.[214]

Verbindet man diese neurowissenschaftlichen Forschungen und Erkenntnisse miteinander, so sind für das Zustandekommen von (Kauf-)Entscheidungen vereinfacht die vier folgenden Impulse bzw. Strukturen bedeutsam:[215]

---

[208] Vgl. Roth, G., Persönlichkeit, 2015, S. 196.
[209] Vgl. Roth, G., Persönlichkeit, 2015, S. 197; vgl., Häusel, H.-G., Wissenschaftliche Fundierung, 2011, S. 31.
[210] Vgl. Roth, G., Persönlichkeit, 2015, S. 196f.
[211] Vgl. Kenning, P., Consumer Neuroscience, 2014, S. 205f.
[212] Vgl. Knutson, B. et al., Neural Predictors, 2007, S. 147ff.
[213] Vgl. Deppe, M. et al., Anterior Cingulate, 2007, S. 1120ff.
[214] Vgl. Kenning, P., Consumer Neuroscience, 2014, S. 206.
[215] Vgl. Kenning, P., Neuroökonomik, 2014, S. 30f.

1. Die **Belohnung:** Der einem Produkt beigemessene Belohnungswert wird primär im Striatum/Nucleus accumbens kodiert.
2. Die **Bestrafung:** Der bei einer Kaufentscheidung empfundene Preisschmerz manifestiert sich primär in der Inselregion (Insula), aversive Reize primär in der Amygdala.
3. Die **moderierenden Faktoren:** Moderierende Faktoren, wie z.B. Referenzpreise und Rahmenbedingungen (Frames), werden primär im anterioren Cingulum verarbeitet.
4. Die **Entscheidung/Selbstkontrolle:** Die Integration der Impulse erfolgt in den präfrontalen Strukturen des Gehirns (präfrontaler Cortex).

Betrachtet man die Entscheidungsbildung im **präfrontalen Cortex** etwas genauer, so zeigt sich, dass – vereinfacht – die folgenden drei Bereiche primär von Bedeutung sind:[216]

1. der **orbitofrontale Bereich,** der für die Bewertung von belohnenden und bestrafenden Aspekten zuständig ist,
2. der **dorsolaterale Bereich,** der hauptsächlich bei kognitiven Vorgängen involviert ist, und
3. der **ventromediale Bereich,** der für die Integration von Emotionen in den Entscheidungsprozess zuständig ist.

Die Abbildung 3.7 gibt das hypothetische Modell der neuronalen Mechanismen zur Erklärung des (Käufer-)Verhaltens nach aktuellem neurowissenschaftlichen Forschungsstand vereinfacht wieder.

Spezielle Untersuchungen mit den bildgebenden Verfahren der fMRT liegen für die Teilnehmer von Creative Communities leider noch nicht vor. Es ist jedoch davon auszugehen, dass die geschilderten neuronalen Zusammenhänge analog auch in CCs ablaufen, weshalb sich folgende Felder an **Handlungsempfehlungen für die Gestaltung von CCs** ableiten lassen:

1. Intensivierung „belohnender" Impulse, die positive Emotionen auslösen und zu lustvollem Handeln anregen.
2. Reduzierung „bestrafender" Impulse, die negative Emotionen verursachen und zu Unlust führen.
3. Optimierung der Wirkung von moderierenden Faktoren.

---

[216] Vgl. Hubert, M., Kenning, P., Neurobiologische Grundlagen, 2011, S. 209ff.; vgl. Taverna, N., Konsumentenverhalten, 2013, S. 83ff.

Abbildung 3.7 Vereinfachtes Modell der neuronalen Mechanismen bei Kaufentscheidungen

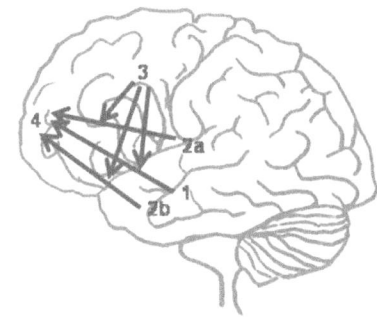

1. **Belohnung**
   primär: Striatum/ Nucleus accumbens

2. **Bestrafung**
   Preisschmerz, primär: Insula (2a)
   Angst, primär: Amygdala (2b)

3. **Moderierende Faktoren**
   primär: anteriores Cingulum

4. **Entscheidung/ Selbstkontrolle**
   primär: präfrontaler Cortex

Quelle: Vgl. Kenning, P., Neuroökonomik, 2014, S. 31; vgl. Schallenmüller, G., Die Seele hat Vorfahrt, 2013, Onlinequelle.

3.3.2 Intensivierung „belohnender" Impulse

Für Creative Communities ist als eines der primären Ziele anzusehen, durch gezielte Impulse das limbische System der Teilnehmer so zu aktivieren, dass möglichst viele **positive Emotionen** erzeugt werden („Belohnungen"), negative („Bestrafungen") hingegen möglichst vermieden werden. Wird ein starker Belohnungsimpuls ausgelöst, so führt das zu einer erhöhten Dopaminausschüttung, wodurch ein lustbetonter und beglückender Zustand erreicht wird.[217] Dadurch steigt einerseits die Wahrscheinlichkeit, dass die Teilnehmer dazu bereit sind, sich intensiv an der Community zu beteiligen, und andererseits steigert Dopamin die Fähigkeit, neue, kreative Ideen zu entwickeln.[218]

Für eine zielgerichtete Beeinflussung der Teilnehmer ist es nun von zentraler Bedeutung, zu wissen, **was** einen Belohnungsimpuls und somit eine starke Aktivierung des limbischen Systems auslöst, über **welche Motive** der Teilnehmer also angesprochen werden soll, um positive Emotionen zu erzeugen.

---

[217] Vgl. Raab, G. et al., Neuromarketing, 2013, S. 82f. und S. 147.
[218] Vgl. Thivissen, P., Inspiration, 2014, S. 51f.; vgl. Köck, A. M., Steigerung der kreativen Leistung, 2008, S. 157f.

„Letzten Endes reicht es nicht aus, zu wissen, dass Hirnareale aktiviert werden. Man muss wissen, warum sie aktiviert werden."[219] Damit rückt die Motivationspsychologie als „Türöffner" für das Neuromarketing in den Fokus.[220] So stellt auch Roth fest, dass die Motivation „[…] nichts anderes ist als eine Belohnungserwartung"[221].

In der Motivationspsychologie wird differenziert zwischen primären und sekundären Motiven.[222] **Primäre Motive** sind innere, angeborene Motive und somit innere Grundbedürfnisse eines Menschen, wie z.b. Hunger oder Durst.[223] **Sekundäre Motive** sind dagegen durch Sozialisation erworbene Handlungsantriebe, die auch mit primären Motiven assoziiert sein können, wie z.b. Stolz oder Status.[224] Während primäre Motive aus einem inneren Grundbedürfnis eines Menschen heraus aktiviert werden, erfolgt die Motivation der sekundären Motive durch äußere Reize bzw. Impulse.[225] In der Arbeits- und Organisationspsychologie wird zudem noch zwischen **intrinsischen** und **extrinsischen Motiven** unterschieden.[226] Während extrinsische Motive auf eine erwünschte Konsequenz durch die Außenwelt ausgerichtet sind, z.b. monetäre Belohnung, liegen intrinsische Motive im Streben des Menschen aus sich selbst heraus begründet, z.b. im Wunsch nach Selbstverwirklichung.[227]

Als Motivation wird ein Prozess betrachtet, bei dem Motive durch Umweltreize in einem Menschen aktiviert werden und ihn dadurch zu einem bestimmten Verhalten bewegen.[228] Dabei liegt ein ganz wesentliches Grundmotiv menschlichen Verhaltens darin, die mit dem Verhalten verbundene Belohnung zu maximieren.[229]

---

[219] Gondorf, L., Neuromarketing, 2015, Onlinequelle.
[220] Vgl. Kenning, P., Consumer Neuroscience, 2014, S. 74.
[221] Roth, G., Persönlichkeit, 2015, S. 197.
[222] Vgl. Meffert, H. et al., Marketing, 2015, S. 116.
[223] Vgl. Kenning, P., Consumer Neuroscience, 2014, S. 74.
[224] Vgl. Bretschneider, U., Ideen-Community zur Kundenintegration, 2012, S. 111f.
[225] Vgl. Bretschneider, U., Ideen-Community zur Kundenintegration, 2012, S. 112; vgl. Meffert, H. et al., Marketing, 2015, S. 116.
[226] Vgl. Raab, G. et al., Marktpsychologie, 2016, S. 229.
[227] Vgl. Fetchenhauer, D., Psychologie, 2011, S. 62f.; vgl. Raab, G. et al., Marktpsychologie, 2016, S. 233f.; vgl. Janzik, L. et al., Motivanalyse Online-Communities, 2011, S. 51; vgl. Meffert, H. et al., Marketing, 2015, S. 116f.
[228] Vgl. Raab, G. et al., Marktpsychologie, 2016, S. 229; vgl. Janzik, L. et al., Motivanalyse Online-Communities, 2011, S. 51.
[229] Vgl. Kenning, P., Consumer Neuroscience, 2014, S. 76.

Bezogen auf die Teilnehmer einer Creative Community bedeutet dies: Erhält eine Person einen (positiven) Anreiz bzw. Impuls, der auf seine belohnungsorientierten Motive ausgerichtet ist, so löst dies eine neuronale Aktivierung seines Belohnungssystems aus, was im Idealfall zu einer aktiveren Beteiligung in der Community, zu kreativen Ideenentwicklungsprozessen und zu neuartigen Ideen führt (Abbildung 3.8).

Abbildung 3.8 Vereinfachter Prozess der Motivation in einer Creative Community

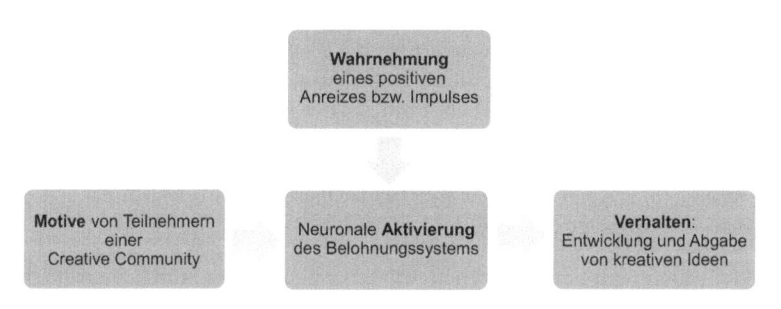

Quelle: Eigene Darstellung in Anlehnung an: Bretschneider, U., Ideen-Community zur Kundenintegration, 2012, S. 113; vgl. Köck, M. A., Steigerung der kreativen Leistung, 2008, S. 158f.

Will ein Unternehmen diesen Prozess der kreativen Ideenentwicklung forcieren, so sind die folgenden Themenfelder zu analysieren: Welche Motive führen dazu, dass sich eine Person an einer Creative Community beteiligt? Welche sind somit gezielt anzusprechen und zu verstärken? Durch welche Maßnahmen kann dann die Motivation intensiviert werden?

Basierend auf dem **Zürcher Modell der sozialen Motivation** von Prof. Bischof[230] entwickelte Häusel das Modell von drei zentralen Motivsystemen, die das menschliche Verhalten – neben den primären Motiven – maßgeblich steuern:[231]

---

[230] Vgl. Bischof, N., Soziale Motivation, 1993, S. 5ff.
[231] Vgl. Häusel, H.-G., Brain View, 2014, S. 37ff. *Häusel weist in diesem Zusammenhang darauf hin, dass sich die Verwendung der Begriffe „Motiv" und „Emotion" je nach Forschungsrichtung unterscheidet: Gehirnforscher verwenden eher den Begriff Emotion, Psychologen den des Motives, vgl. Häusel, H.-G., Brain View, 2014, S. 35.*

- Das **Balancesystem,** das geprägt ist von den Motiven nach Sicherheit und Stabilität
- Das **Dominanzsystem,** das besonders die Motive Konkurrenz und Verdrängung repräsentiert
- Das **Stimulanzsystem,** das auf die Motivfelder der Exploration und Entdeckung ausgerichtet ist

Die Abbildung 3.9 zeigt diese Systeme im groben Überblick auf.

Abbildung 3.9 Die wichtigsten Motivsysteme im Gehirn – Überblick

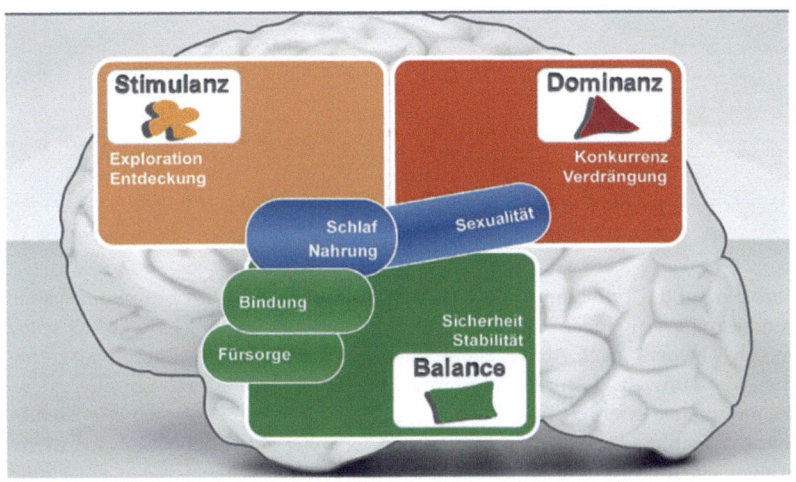

Quelle: Häusel, H.-G., Wissenschaftliche Fundierung, 2011, S. 36.

Jedes dieser Motivsysteme weist jeweils unterschiedliche Ausprägungen hinsichtlich Belohnung/Lust und Vermeidung/Unlust auf, die die Abbildung 3.10 darstellt.

Abbildung 3.10 Ausprägungen von Motivsystemen

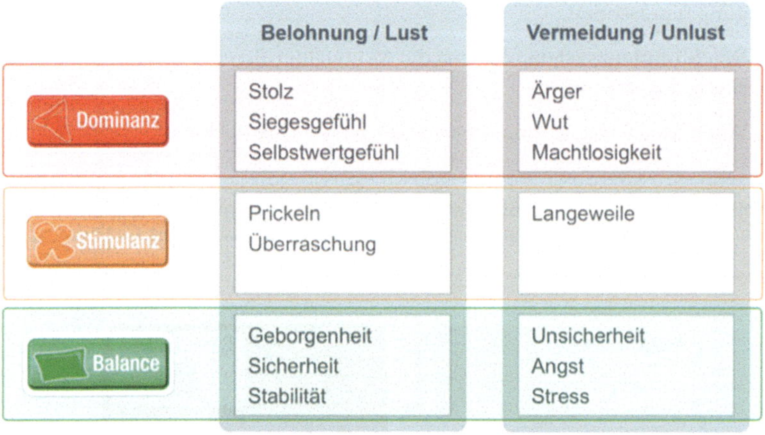

		Belohnung / Lust	Vermeidung / Unlust
Dominanz		Stolz / Siegesgefühl / Selbstwertgefühl	Ärger / Wut / Machtlosigkeit
Stimulanz		Prickeln / Überraschung	Langeweile
Balance		Geborgenheit / Sicherheit / Stabilität	Unsicherheit / Angst / Stress

Quelle: Häusel, H.-G., Wissenschaftliche Fundierung, 2011, S. 42.

Bezogen auf die Teilnehmer von Creative Communities ist das **Stimulanzsystem** von besonderer Relevanz. Es lässt sich wie folgt skizzieren:[232] Es regt Menschen an, nach Neuem, nach Abwechslung zu suchen, aus dem Gewohnten auszubrechen, die Umwelt zu entdecken und zu erforschen, anders zu sein als andere, Belohnung zu erfahren und Langeweile zu vermeiden. So sind neue Trends, Innovationen und die Suche nach neuen, spannenden Erlebnissen auf dieses System zurückzuführen. Deshalb wird es in der englischsprachigen Forschung auch als „Sensation Seeking" oder „Novelty Seeking" bezeichnet.[233] Neurobiologisch kann das Stimulanzsystem primär dem **mesolimbischen dopamingesteuerten Belohnungssystem** zugeordnet werden, d.h., es ist besonders stark auf Belohnungen ausgerichtet.[234] Das Stimulanzsystem ist zudem eng mit dem sog.

---

[232] Vgl. Häusel, H.-G., Brain View, 2014, S. 41f.
[233] Vgl. Häusel, H.-G., Brain View, 2014, S. 276.
[234] Vgl. Häusel, H.-G., Brain View, 2014, S. 276 und S. 42.

Erfolgsfaktoren für die Gestaltung von Creative Communities   67

Spielmodul verschaltet, dem Suchen nach lustvollen Effekten und spielerischer Neugier.[235]

Die von Häusel auf Basis der Motivsysteme entwickelte Limbic® Map ist ein Modell, das die Motiv- und Emotionssysteme mit den Werten der Menschen verbindet (Abbildung 3.11).

Abbildung 3.11   Limbic® Map - Überblick

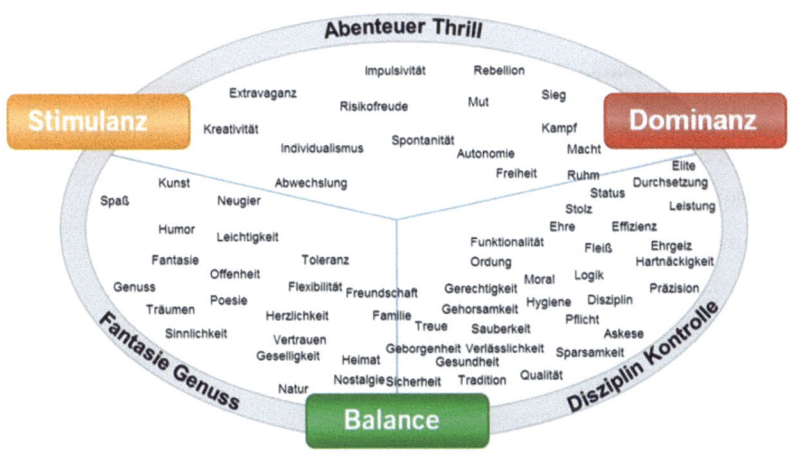

Quelle: vgl. Häusel, H.-G., Brain View, 2014, S. 53; vgl. Raab, G. et al., Neuromarketing, 2013, S. 250; zur erweiterten Limbic® Map, die auch Motive wie soziale Bindung und Sexualität einordnet, siehe Anhang A2.

Bezieht man die benachbarten Systeme des Stimulanzsystems in die Betrachtung ein, so lässt sich unschwer erkennen, dass auch die in Abbildung 3.11 aufgeführten Motive der Bereiche „Abenteuer/Thrill" und „Fantasie/Genuss" grundsätzlich für die Teilnehmer von Creative Communities relevant sind.

Aus dem Wertebereich Abenteuer/Thrill sind dies u.a. Risikofreude, Mut, Autonomie, Freiheit, Impulsivität, Abwechslung und Kreativität. Aus dem Werte-

---

[235] Vgl. Häusel, H.-G., Brain View, 2014, S. 43.

raum Fantasie/Genuss zeichnen sich besonders für Creative Communities aus: Spaß, Humor, Neugier, Leichtigkeit, Geselligkeit und Fantasie.

Die Motive dieser Wertefelder sind gezielt anzusprechen, will man Menschen für CCs gewinnen, sie für eine Teilnahme begeistern und ihre kreativen Ideen fördern.

Lassen sich diese Motivfelder von Teilnehmern von CCs noch genauer spezifizieren? In einer umfassenden Recherche zu möglichen **Motiven** von Teilnehmern **virtueller Ideen-Communities** konnten – **bezogen auf die IT-Branche** – folgende Motive als relevant eingestuft werden:[236]

- Freude am Programmieren
- Altruismus
- Reziprozitätsempfinden
- Identifikation
- Lernen
- Anerkennung
- Bedarf
- Produktverbesserung
- Kontakt zu Gleichgesinnten
- Freude an intellektueller Herausforderung
- Karrieremöglichkeit

Lässt man die IT-spezifischen Motive außer Acht und bezieht die **spezifischen Motive von Consumer Communities** mit ein, so lassen sich folgende Motive als grundsätzlich relevant ansehen:[237]

- Freude an der intellektuellen Herausforderung
- Spaß an der kreativen Ideenentwicklung

---

[236] Vgl. Bretschneider, U., Ideen-Community zur Kundenintegration, 2012, S. 124f.
[237] Vgl. Janzik, L. et al., Motivationsanalyse Online Communities, 2011, S. 63ff.; vgl. Janczikowsky, S., Crowdsourcing, 2015, S. 11; vgl. Bretschneider, U., Ideen-Community zur Kundenintegration, 2012, S. 126ff.; vgl. Köck, A. M., Steigerung der kreativen Leistung, 2008, S. 38ff.; vgl. Horx, M., Liebenau, A., Creative Crowd, 2013, S. 171f.; vgl. Willfort, R. et al., Crowdfunding und Crowdsourcing, 2015, S. 34.

- Kontakt zu Gleichgesinnten
- Community-Identifikation
- Anerkennung
- Altruismus
- Belohnung durch monetäre Anreize (z.b. Rabatte oder Prämien)
- Bedarf
- Produktverbesserung

Es zeigt sich hier, dass sowohl **intrinsische** als auch **extrinsische Motive** von Bedeutung sind. Während extrinsische Motive in einer CC auf Belohnungen innerhalb der Community abzielen, z.b. Prämien, Anerkennung, resultieren bei intrinsischen Motiven die Belohnungen durch den Teilnehmer selbst bzw. durch sein Handeln, z.b. Spaß, intellektuelle Herausforderung.[238]

Interessant ist es nun zu erfahren, welche dieser Motive sich besonders positiv auf die Qualität der Ideen in einer Community auswirken. Eine wissenschaftliche Untersuchung über den **Einfluss von unterschiedlichen Motiven auf die Ideenqualität** führte dabei zu folgendem interessanten Ergebnis: Besonders qualitativ hochwertig waren die Ideen derjenigen Teilnehmer, die primär von folgenden Motiven getrieben werden:[239]

- Spaß der Ideengeber
- Anerkennung
- Selbstmarketing

Die Ergebnisse beziehen sich auf Communities in der IT-Branche. Da das Motiv des Selbstmarketings für Teilnehmer aus dem Konsumgüterbereich eher als untypisch und somit als nachrangig anzusehen ist, kann es im Folgenden vernachlässigt werden.[240]

---

[238] Vgl. Janzik, L. et al., Motivationsanalyse Online Communities, 2011, S. 65f.; vgl. auch Willfort, R. et al., Crowdfunding und Crowdsourcing, 2015, S. 33f.

[239] Vgl. Bretschneider, U., Ideen-Community zur Kundenintegration, 2012, S. 178.

[240] *Hinzuweisen ist darauf, dass der Männeranteil der Studie mit 61 Prozent relativ hoch war*, vgl. Bretschneider, U., Ideen-Community zur Kundenintegration, 2012, S. 138. *Inwieweit für Communities mit einem großen Frauenanteil weitere Motive für die Kreativität Relevanz besitzen, ist eine interessante zukünftige Forschungsfrage.*

Auch die **Kreativitätsforschung** zeigt die besondere Stellung, die dem Spaß der Ideengeber für den Erfolg von Creative Communities zukommt. Studien belegen, dass glückliche Personen deutlich kreativer sind und dass der Spaß der Ideengeber das kreative Denken fördert.[241] Zudem aktiviert Humor über die Ausschüttung von Dopamin das Belohnungssystem im Gehirn, was sich positiv auf das kreative Problemlösen auswirkt.[242] Spiel und Kreativität sind in signifikanter Weise miteinander verbunden, weshalb auch spielerische Elemente in einer CC den Spaß der Teilnehmer erhöhen und dadurch auch ihre Kreativität steigern.[243]

Aus der Sicht der Kreativitätsforschung ist ebenfalls die Anerkennung der Ideengeber geeignet, die Kreativität der Teilnehmer zu steigern, sofern sie durch angemessene Anreize in Form von materiellen und immateriellen Belohnungen erfolgt.[244]

Für den Erfolg einer Creative Community ist es somit von zentraler Bedeutung, die Motivfelder **Spaß der Ideengeber** sowie deren **Anerkennung** gezielt anzusprechen und durch Impulse zu aktivieren.

Diese Erfolgsfaktoren der neurowissenschaftlichen Analyse korrespondieren teilweise mit den ermittelten Erfolgsfaktoren nach dem Kano-Modell. Die dort identifizierten Begeisterungsfaktoren (Kapitel 3.2.4) haben einen maßgeblichen Einfluss auf das Spaßmotiv der Community-Teilnehmer, denn die **Kommunikationsförderung** der Teilnehmer untereinander und die gemeinsamen **Erlebnisse** leisten wichtige Beiträge zur Steigerung ihres Spaßempfindens.

Bezogen auf die Anerkennung erweist sich das Kriterium **Auswahl und Prämierung** im Rahmen der Leistungsfaktoren (Kapitel 3.2.3) als besonders relevant. Die Abbildung 3.12 zeigt diese Zusammenhänge vereinfacht auf.

---

[241] Vgl. Köck, M. A., Steigerung der Kreativität, 2008, S. 54ff. und S. 158f.
[242] Vgl. Köck, M. A., Steigerung der Kreativität, 2008, S. 65ff. und S. 122f.
[243] Vgl. Köck, M. A., Steigerung der Kreativität, 2008, S. 164.
[244] Vgl. Köck, M. A., Steigerung der Kreativität, 2008, S. 118ff. und S. 166.

Erfolgsfaktoren für die Gestaltung von Creative Communities

Abbildung 3.12 Beziehung von Erfolgsfaktoren auf Basis des Kano-Modells und neurowissenschaftlicher Erkenntnisse

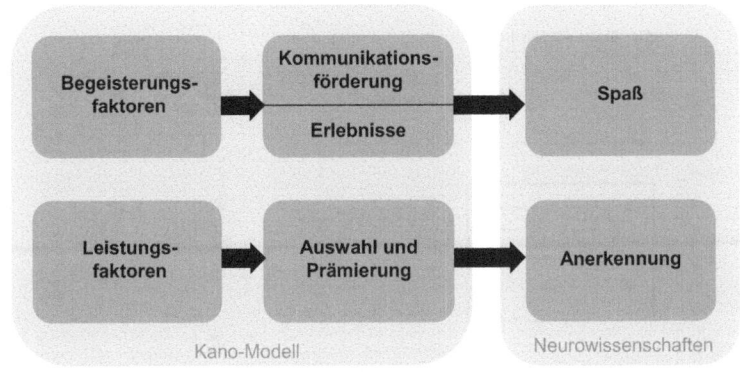

Quelle: Eigene Darstellung.

Die **Kommunikationsförderung** in Form von Chats, Blogs etc. zeigt bereits in einigen Communities eine deutliche Orientierung am Faktor Spaß. Ein Best-Practice-Beispiel stellt hier die Community *atizo.com* dar, welche neben einem Blog und der Möglichkeit, sich über soziale Netzwerke mit den Nutzern zu vernetzen, den Teilnehmern auch die Option bietet, sich über die persönlich angelegten Profile gegenseitig zu suchen, zu finden und sich in privaten Konversationen auszutauschen, ähnlich wie dies auch in sozialen Netzwerken Anwendung findet.[245]

Die Best-Practice-Beispiele (Abbildung 3.13 und Abbildung 3.14) verdeutlichen die Kommunikationsförderung anhand der Angebote auf *Neurovation*.

Abbildung 3.13 zeigt den **Communitybereich** der Teilnehmer auf *Neurovation*. Neben der bereits erwähnten Möglichkeit des Austausches der Teilnehmer über angelegte Profile gibt es dort eine spezielle Suchfunktion, um Teilnehmer nach Regionen oder Berufen zu finden und sich anschließend mit ihnen zu vernetzen.

---

[245] Vgl. Atizo AG, Atizo.com Community, 2016, Onlinequelle.

Abbildung 3.13 Communitybereich Neurovation mit Interaktionsmöglichkeiten

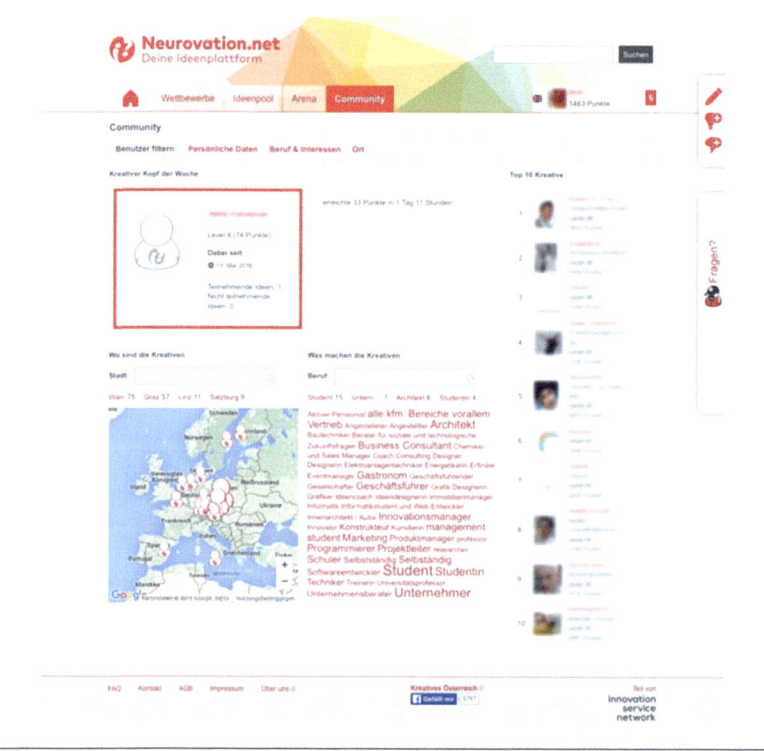

Quelle: Neurovation GmbH, Neurovation Community, 2016, Onlinequelle.

Die **Filterfunktion** des Communitybereichs ist aus Abbildung 3.14 ersichtlich. Hier können Teilnehmer andere Personen nach Nachname, Vorname, Profilname oder Geschlecht suchen, und eine Vorschau von passenden Teilnehmern erscheint. Für eine Kontaktaufnahme muss nur noch, analog zu sozialen Netzwerken, das Profil angeklickt werden.

Erfolgsfaktoren für die Gestaltung von Creative Communities 73

Abbildung 3.14   Filterfunktion des Communitybereiches von Neurovation

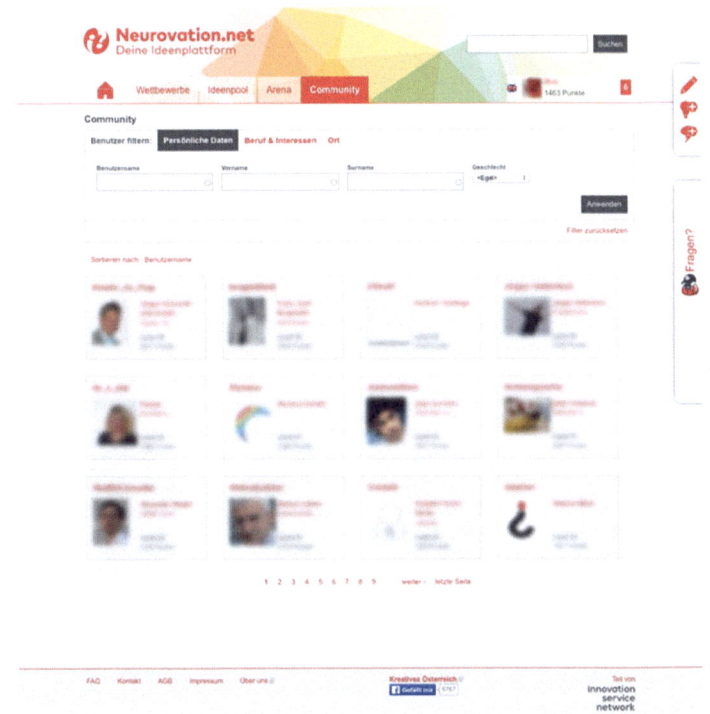

Quelle: Neurovation GmbH, Neurovation Community, 2016, Onlinequelle.

Hinsichtlich der **Erlebnisorientierung** zeigen die untersuchten Communities lediglich erste Ansätze, die auf den Faktor Spaß der Teilnehmer ausgerichtet sind, wie z.B. durch Teilnehmerevents. Zwar gab es im vorstehenden Beispiel die Möglichkeit, dass sich Teilnehmer untereinander treffen, die Gestaltung von gemeinsamen virtuellen oder realen Events bot aber keiner der untersuchten Communities an. Lediglich *Innocentive* plant aktuell anscheinend bereits einige Events und kündigt diese auf seiner Plattform unter „Upcoming Events" an.[246]

---

[246] InnoCentive Inc., Innocentive Upcoming Events, 2016, Onlinequelle.

Eine Maßnahme, die geeignet ist, das Erlebnisgefühl und die Identität zur Community zur stärken, sind Produkte, die die Teilnehmer der Community gemeinsam nutzen können. Die CC *atizo.com* zeigt dies anhand von Community-T-Shirts (Abbildung 3.15). Hier wird der Einstieg zur Schaffung einer gemeinsamen Erlebniswelt durch eine Art Trikot erreicht. Durch diese können sich die Teilnehmer von Nicht-Teilnehmern in der realen Welt optisch abgrenzen, und zudem werden mit dem Tragen der Shirts positiv empfundene Emotionen aus der Community in die „Offline-Welt" übertragen.

Abbildung 3.15   T-Shirts der Community von atizo.com

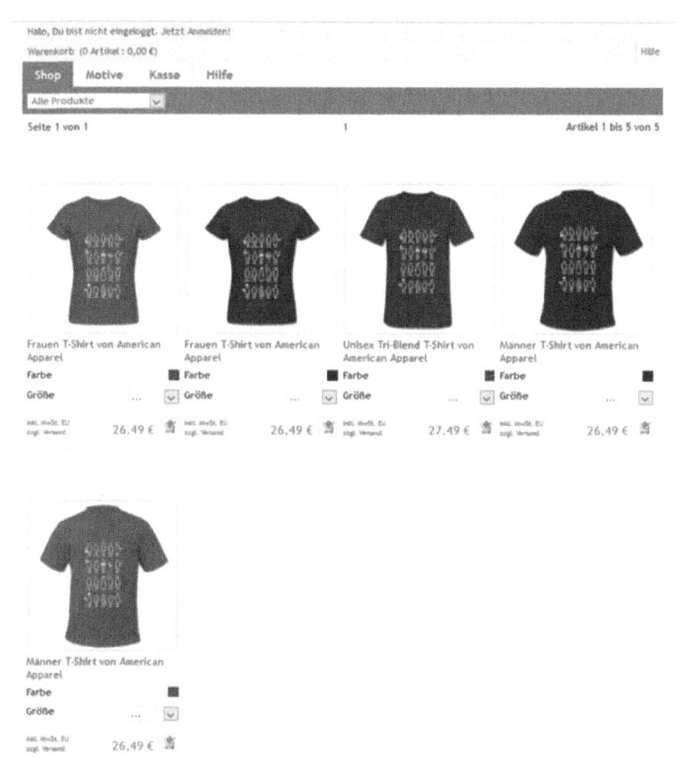

Quelle: Atizo AG, Onlineshop von atizo.com, 2016, Onlinequelle.

Erfolgsfaktoren für die Gestaltung von Creative Communities

Aus neurowissenschaftlicher Sicht ist die Kategorie „Auswahl und Prämierung" von Bedeutung, da besonders die **Prämierung** auf das Motiv der Anerkennung abzielt und zudem den Vorteil hat, dass es sich um eine starke Form der Belohnung handelt. Prämien und Incentives besitzen einen hohen Stellenwert beim Aufbau von Emotionen und der Bedürfnisbefriedigung nach Aufmerksamkeit, Anerkennung oder Wertschätzung anderer. Nachteilig ist jedoch, dass sie nur einzelne Teilnehmer und zudem nur die letzte Phase einer Creative Community betrifft.

Möchte man die Anerkennung vieler Teilnehmer fördern und damit deren Motivation steigern, weiterhin teilzunehmen und kreative Beiträge zu leisten, ist es erforderlich, Anerkennung in unterschiedlichen Formen möglichst vielen Ideengebern einer Community zukommen zu lassen. Zudem ist es anzustreben, den Teilnehmern Anerkennung und Wertschätzung möglichst während des gesamten Prozesses entgegenzubringen.

Dies sollte nicht nur in eindimensionaler Form erfolgen, sondern durch ein differenziertes und dennoch einfaches System, das die Teilnehmer ihren Status innerhalb der Community erkennen lässt.[247]

Ein besonders geeignetes System zur Vermittlung von Anerkennung aus Community-Sicht zeigt das von *Neurovation* entwickelte **Punkte- und Levelsystem,** das folgende Kriterien umfasst: die **Aktivität** der Teilnehmer in der Community, die erbrachte **Kreativität** und das gezeigte **Vertrauen** (Abbildung 3.16).

Abbildung 3.16 Level Informationen zum Punkte- und Levelsystem von Neurovation

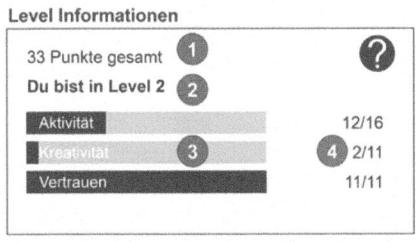

Quelle: Neurovation GmbH, Neurovation FAQ, o.J., Onlinequelle.

---

[247] Vgl. Köck, M. A., Steigerung der Kreativität, 2008, S. 166.

Aus neurowissenschaftlicher Sicht erscheint es sinnvoll, möglichst viele Teilnehmer im Rahmen dieses Systems zu involvieren und dadurch zu motivieren. Dazu bedarf es einer Erklärung für die Teilnehmer, wie es die Abbildung 3.17 beispielhaft aufzeigt.

Zudem sprechen belohnende Anreize, z.b. in Form von **Rankings** der besten Ideengeber bzw. Gewinner, das Motiv der Anerkennung gezielt an. Das Best-Practice-Beispiel von a*tizo.com* (Abbildung 3.18) zeigt den Einsatz eines solchen Rankingsystems nach drei verschiedenen Kriterien:

1. Qualität & Effizienz
2. Aktivität & Ausdauer sowie
3. Aufsteiger der Woche

Bei der Wirkung von belohnenden Anreizen ist aus neurowissenschaftlicher Sicht eine Besonderheit zu verzeichnen: Die Aktivität der Neuronen im Belohnungssystem und damit deren Dopaminausschüttung im limbischen System gehen in dem gleichen Maße zurück, in dem die Belohnung wahrscheinlicher wird – eine Belohnung, die ziemlich sicher eintritt, wird schließlich gar nicht mehr als solche empfunden.[248]

Diesem Abfall der Belohnungswirkung von Anreizen ist gezielt entgegenzuwirken, indem die Belohnungen variieren und auch überraschende, neue Anreize angeboten werden.[249] Kleine, unerwartete Belohnungen haben zudem den Vorteil, dass sie sich kreativitätsfördernd auswirken.[250] So könnten kleine „Zwischenbelohnungen" vor Projektende für die Teilnehmer bereitgestellt werden, wie bspw. Überraschungspakete mit Produktproben, Gutscheine der Unternehmen oder exklusive Einladungen, um so die Motivation zu steigern und gleichzeitig beim Teilnehmer ein Gefühl der Wertschätzung und Dankbarkeit seitens des Unternehmens bzw. des Plattformbetreibers zu vermitteln.

---

[248] Vgl. Roth, G., Persönlichkeit, 2015, S. 196; vgl. Häusel, H.-G., Wissenschaftliche Fundierung, 2011, S. 31.
[249] Vgl. Fink, A. et al., Kreative Produktivität steigern, 2007, S. 39.
[250] Vgl. Fink, A. et al., Kreative Produktivität steigern, 2007, S. 39.

Erfolgsfaktoren für die Gestaltung von Creative Communities 77

Abbildung 3.17 Punkte- und Levelsystem von Neurovation

Wie funktioniert das Punkte- und Levelsystem?

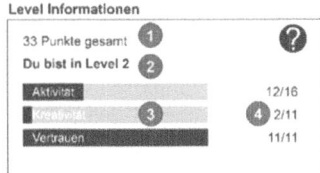

Das Punkte- und Levelsystem beschreibt dein Handeln auf der Plattform. Alle Handlungen, die ein Benutzer auf der Plattform setzt, sind mit Punkten hinterlegt. Diese Punkte werden in Aktivität, Kreativität und Vertrauen dargestellt. Je nachdem, welche Handlung du durchführst, werden die damit verbundenen Punkte ausgelöst. Erreichst du in allen drei Bereichen einen definierten Schwellenwert, steigst du in das nächste Level auf. Es ist hier aber auch möglich, Punkte in den einzelnen Bereichen vorauszusammeln. Je höher das Level, umso sichtbarer wirst du für die Community als "Kreativer der Woche" oder unter "Top 10 Kreative".

Achtung: Es ist möglich, dass ein Benutzer in einem niedrigeren Level mehr Punkte als ein anderer Benutzer in einem höheren Level hat. Das liegt daran, dass die Punkte ausgewogen sein müssen, um in das nächste Level aufzusteigen. Grundsätzlich kannst du nur die Aktivitätspunkte selbst auslösen. Für Kreativitäts- und Vertrauenspunkte ist die Interaktion mit anderen Benutzern und Ideen notwendig.

3 Balken:

In deiner Aktivitätsübersicht im persönlichen Bereich werden alle deine Punkte mitgeschrieben und angezeigt. Die genaue Aufteilung der Punkte und ihre Visualisierung ist nur für dich selbst sichtbar. Die Summe aller Punkte (1) und das Level (2) sind auch für alle anderen Benutzer sichtbar. Die Balken (3) visualisieren deinen Fortschritt in folgenden drei Bereichen:

- **Aktivität:** Die Aktivität beschreibt die Häufigkeit all deiner Interaktionen auf der Plattform. Aktivitätspunkte werden durch jede Handlung auf der Plattform ausgelöst z.B. Login, Bewerten, Feedback geben, ...
- **Kreativität:** Die Kreativität beschreibt im Wesentlichen die Qualität deiner eigenen Ideen und deines Feedbacks zu anderen Ideen. Kreativitätspunkte werden durch das Erstellen, Diskutieren und Bewerten von Ideen ausgelöst, z.B. Feedback geben, positive Bewertungen anderer Benutzer, ...
- **Vertrauen:** Das Vertrauen beschreibt dein Verhalten bzw. deinen Umgang mit anderen Benutzern und Ideen. Vertrauenspunkte werden durch wertschätzendes, objektives und sinnvolles Handeln ausgelöst z.B. dein Feedback wird angenommen, deine Netzwerkanfrage wird angenommen, ...

Wenn ein definierter Schwellenwert in allen drei Bereichen erreicht wurde, steigst du in das nächste Level auf (4).

Durch das Zurückziehen von bestimmten Handlungen (z.B. Idee löschen, Netzwerkverbindung beenden) werden dir die zuvor erlangten Punkte aber auch wieder abgezogen.

Quelle: Neurovation GmbH, Neurovation FAQ, o.J., Onlinequelle.

Abbildung 3.18 Rankings der Teilnehmer in der Community von atizo.com

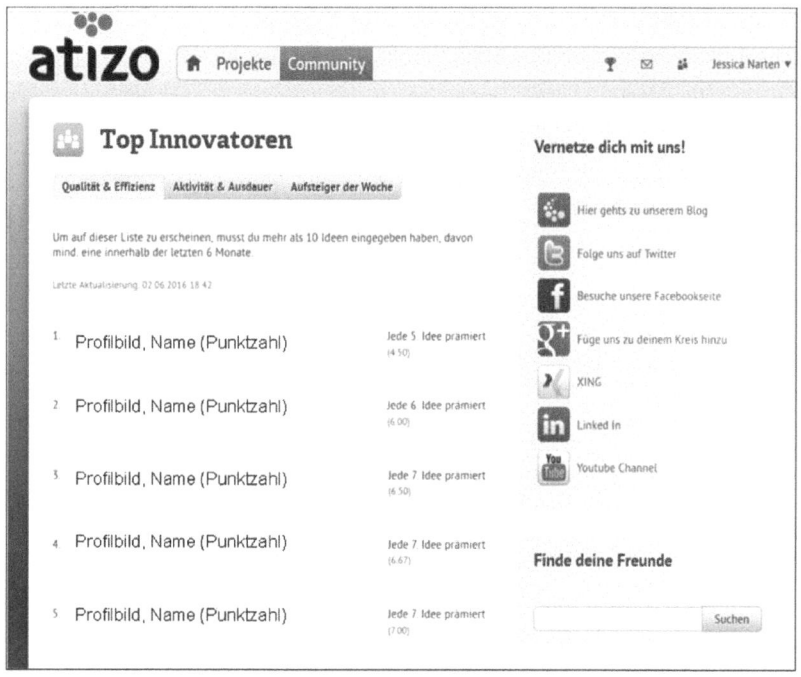

Quelle: Atizo AG, atizo.com Community-Ranking, 2016, Onlinequelle.

3.3.3 Reduzierung „bestrafender" Impulse

Nach dem bereits beschriebenen „Law of Effects" müssen die durch die Befriedigung von Motiven resultierenden positiven Emotionen („Belohnung") insgesamt stärker sein als die subjektiv negativen Emotionen („Bestrafung"), die mit einer Teilnahme verbunden sind. Welche negativen „bestrafenden" Impulse kann es aus Sicht eines Teilnehmers an einer CC geben? Hier ist in erster Linie die Angst zu verzeichnen, geringe Anerkennung zu bekommen, von anderen Teilnehmern abgewertet zu werden oder sich zu blamieren.[251]

Derartige negative Emotionen zu vermeiden bzw. zu reduzieren, ist eine bedeutende Aufgabe der **Moderation**. Sie achtet grundsätzlich darauf, dass der Umgang unter den Teilnehmern respektvoll, vertrauensvoll und fair ist.

Unfaires Verhalten innerhalb einer Community wird als besonders negativ empfunden. Studien zeigen, dass wahrgenommene Unfairness eine Aktivierung der Inselregion (primär Insula) bewirkt,[252] wohingegen das Erkennen von fairen Verhaltensweisen das Belohnungssystem aktiviert.[253] Eine aktuelle Studie zur neuronalen Verarbeitung bei der Wahrnehmung eines Fairtrade-Siegels beim Kauf von Produkten konnte dies bestätigen.[254]

Eine professionelle Moderation hat also insbesondere auf die Fairness innerhalb der Community zu achten. Dies ist nicht nur für die Motivation der einzelnen Teilnehmer wichtig, sondern auch für die der gesamten Community.[255] Denn eine positive Gesamtstimmung kann schnell umschlagen, wenn das Gefühl entsteht, dass Einzelne unfair behandelt werden.[256] Zudem können Konflikte unter den Teilnehmern das gesamte Klima der Community belasten, weshalb sie möglichst umgehend zu beheben sind. Ebenso sind selbstverständlich unsachliche und diskriminierende Beiträge zu unterbinden.[257]

Insgesamt wird somit die **zentrale Rolle der Moderation** für den Erfolg einer Creative Community deutlich. Es liegt am Moderator, die Kommunikation zielgruppengerecht und fair zu gestalten, Anreize zu schaffen, belohnende Motive gezielt anzusprechen, die Kreativität der Teilnehmer zu fördern und neue Teilnehmer in das bestehende Netzwerk zu integrieren.

---

[251] Vgl. Janczikowsky, S., Crowdsourcing, 2015, S. 11.
[252] Vgl. Kenning, P., Consumer Neuroscience, 2014, S. 185f.
[253] Vgl. Kenning, P., Consumer Neuroscience, 2014, S. 185f.
[254] Vgl. Enax, L. et al., Effects of social sustainability, 2015, S. 6ff.
[255] Vgl. Bretschneider, U., Ideen-Community zur Kundenintegration, 2012, S. 47.
[256] Vgl. Janczikowsky, S., Crowdsourcing, 2015, S. 27.
[257] Vgl. Noé, M., Innovation 2.0, 2013, S. 254ff.; vgl. Reichelt, J., Informationssuche und Online WOM, 2013, S. 9; vgl. Ye, H. et al., Online Innovation Communities, 2012, S. 23.

3.3.4 Optimierung von moderierenden Faktoren

Als moderierende Faktoren, die auf die Teilnehmer einer Creative Community wirken, können all diejenigen angesehen werden, die das Verhalten einzelner Teilnehmer innerhalb der Community unbewusst steuern. Jeder Mensch nimmt eine Vielzahl von Informationen implizit auf, die seine Entscheidungen und sein Verhalten unterschwellig beeinflussen.[258] Als klassische Beispiele finden sich dafür im Neuromarketing die sog. **Framing- und Priming-Effekte.** Diese Effekte besagen, dass äußere Umstände und Einflüsse unbewusst (subliminal) von Menschen aufgenommen werden und diese zu (unbewussten) Gefühls- und Verhaltensreaktionen führen. Diese Wirkungen sind sowohl in der Verhaltensökonomie als auch von den Neurowissenschaften gut belegt.[259] So beeinflusst der mediale „Frame", z.B. die Zeitschriftenmarke, die Glaubwürdigkeitsbeurteilung einer Schlagzeile.[260]

Auch beim Priming zeigen unbewusst aufgenommene Reize deutliche Auswirkungen auf Emotionen und Verhalten.[261] So steigert z.B. unterschwellig wahrgenommene französische Musik in einer Weinhandlung den Absatz französischer Weine.[262]

Welche Möglichkeiten stehen nun einem Betreiber einer Creative Community zur Verfügung, um die Teilnehmer der Community subliminal positiv zu beeinflussen und zur aktiven Teilnahme zu motivieren? Dabei kann es nicht darum gehen, die Teilnehmer inhaltlich zu steuern. Denn dadurch würde gerade ein wichtiges Wesensmerkmal einer CC, die Kreativität, behindert.

Vielmehr ist es anzustreben, ein möglichst positives Klima für die Community insgesamt und auch für die einzelnen Teilnehmer zu schaffen, um ihre Freude, ihre Aktivität und Kreativität in der Community zu steigern.

---

[258] Vgl. Kroeber-Riel, W., Esch, F.-R, Strategie der Werbung, 2015, S. 224f; vgl. Scheier, C., Held, D., Wie Werbung wirkt, 2012, S. 66ff.; vgl. Raab, G. et al., Neuromarketing, 2013, S. 217.
[259] Zur ausführlichen Darstellung dieser Effekte vgl. z.B. Raab, G. et al. Neuromarketing, 2013, S. 221ff. oder Kenning, P., Consumer Neuroscience, 2014, S. 169ff.
[260] Vgl. Kenning, P., Consumer Neuroscience, 2014, S. 169f.; vgl. Taverna, N., Konsumentenverhalten, 2013, S. 127.
[261] Vgl. Raab, G. et al., Neuromarketing, 2013, S. 221; vgl. Pispers, R., Dabrowski, J., Neuromarketing im Internet, 2012, S. 96.
[262] Vgl. Raab, G. et al., Neuromarketing, 2013, S. 221; vgl. Häusel, H.-G., Brain View, 2014, S. 105f.

Dabei rückt zunächst die Gestaltung des „**Frames**" einer CC in den Fokus: Dieser konkretisiert sich in Form einer einfachen, intuitiven Navigation (**Usability**) sowie eines **attraktiven Designs** der Plattform hinsichtlich der farblichen Gestaltung sowie der Form- und Bilderwelten. So ist aus der neurowissenschaftlichen Werbeforschung bekannt, dass nur als besonders attraktiv beurteilte Anzeigen das Belohnungssystem im Gehirn aktivieren.[263] Zudem entsteht durch wiederkehrende grafische oder akustische Elemente der sog. „**Mere-Exposer-Effekt**", der besagt: Allein die Vertrautheit mit Dingen, Produkten oder Personen hinterlässt im Gehirn eine positive Gedächtnisspur, auch wenn diese nicht bewusst wahrgenommen wird.[264]

Weitere Beiträge zur subliminalen Beeinflussung der Teilnehmer einer Creative Community durch **Priming** können die folgenden, bereits als wichtig identifizierten Faktoren leisten: die Förderung der Kommunikation innerhalb der Community, die Schaffung von Erlebnissen und insbesondere die Moderation. Sie vermögen neuronale Aktivitäten im limbischen System auszulösen, die positive Emotionen erzeugen, die dem Bewusstsein nicht explizit zugänglich sind, das Verhalten der Teilnehmer jedoch hinsichtlich ihrer Motivation positiv beeinflussen.

Es konnte bereits festgestellt werden, dass der **Moderation** eine ganz besonders zentrale Stellung für den Erfolg einer CC zukommt. Diese Stellung gilt es auszubauen und der Moderation eine Persönlichkeit, ein „Gesicht" zu geben. Dies eröffnet dem Moderator nicht nur die Möglichkeit einer direkten Interaktion mit den Teilnehmern, sondern auch deren implizite Beeinflussung.

Je öfter nämlich eine Person das Gesicht einer anderen Person sieht, umso positiver fällt deren Bewertung über diese andere Person aus.[265] Dabei wirken freundliche Gesichter selbstverständlich besonders positiv, denn sie aktivieren das neuronale Netzwerk des Belohnungssystems und wecken zudem Vertrauen.[266]

Ein Best-Practice-Beispiel der untersuchten CCs hat dies bereits teilweise umgesetzt. *Neurovation* hat einen Ideencoach, der mit den Teilnehmern in einen Dialog tritt. Bedauerlicherweise ist dieser zwar als „Mensch" zu identifizieren, hat auch

---

[263] Vgl. Kenning, P., Neuroökonomik, 2014, S. 28f.
[264] Vgl. Courbet, D. et al., Spuren im Unbewussten, 2015, S. 46.
[265] Vgl. Courbet, D. et al., Spuren im Unbewussten, 2015, S. 46.
[266] Vgl. Hubert, M., Kenning, P., Neurobiologische Grundlagen, 2011, S. 203; vgl. Courbet, D. et al., Spuren im Unbewussten, 2015, S. 46; vgl. Taverna, N., Konsumentenverhalten, 2012, S. 76.

einen Namen und ein Persönlichkeitsprofil, aber sein Gesicht ist nicht zu erkennen, es ist verdeckt (Abbildung 3.19).

Abbildung 3.19 Moderator auf Neurovation – Der Ideencoach

Wer ist der Ideacoach?

Name	Mitch Buchannon, Ideacoach
Geburtstag	17. Juli 1952
Interessen	Schwimmen, Ideen
	Jede Ähnlichkeit mit lebenden oder fiktiven Personen ist rein zufällig ;)
Mission	Diese Plattform zu deinem Platz für Ideen zu machen

Quelle: Neurovation GmbH, Neurovation FAQ, o.J., Onlinequelle.

Auf Grundlage der bereits geschilderten neuronalen Wirkung von Gesichtern ist somit zu empfehlen, dem Ideencoach ein (freundliches) Gesicht zu geben.

Eine Steigerung dieser positiven, vertrauensfördernden Wirkung des Coaches wäre zudem zu erzielen, wenn sich jeder Teilnehmer aus einer Reihe von unterschiedlichen Coaches „seinen Coach" aussuchen könnte. Als Merkmale, die nicht nur visuell, sondern auch im jeweiligen Profil des Coaches manifestiert sein sollten, können dabei insbesondere Geschlecht, Alter und Lebensstil dienen.

Hier stellt sich die Frage, inwieweit Menschen überhaupt einem virtuellen Online-Coach bzw. einem Avatar Vertrauen entgegenbringen können. In einer Studie zum Online-Vertrauen wurden die neuronalen Mechanismen des Vertrauens zwischen Mensch und Mensch einerseits und Mensch und Avatar andererseits untersucht und ermittelt, wie sich dieses auf ihr Verhalten auswirkt.[267] Vermutet wurde, dass es – entsprechend der „Theory of Mind" – den Menschen schwerer fallen würde, Vertrauen zu Avataren aufzubauen, weil es umständlicher sei, sich in einen „Kunstmenschen" hineinzuversetzen.[268] Das erstaunliche Ergebnis war jedoch, dass sich zwar Aktivierungsunterschiede auf der neuronalen Ebene ergaben, jedoch keine bzw. sehr geringe auf der Verhaltensebene.[269] Menschen

---

[267] Vgl. Riedl, R. et al., Trusting Humans and Avatars, 2011, S. 2ff.
[268] Vgl. Riedl, R. et al., Trusting Humans and Avatars, 2011, S. 2f.
[269] Vgl. Riedl, R. et al., Trusting Humans and Avatars, 2011, S. 12f.

können also durchaus Vertrauen zu Avataren entwickeln. Anscheinend verhält sich das Gehirn zwar bei einem Vertrauensaufbau mit einem Avatar anders als bei einem realen Menschen, das sichtbare Handeln ist jedoch gleich.[270] Neben dem auf Personen bzw. Avatare bezogenen Vertrauen ist für das Verhalten von Menschen auch das Vertrauen in abstrakte Systeme oder Organisationen, das sog. **Systemvertrauen,** relevant.[271] Somit bleibt zu klären, ob es möglich ist, das Vertrauen einzelner Teilnehmer einer CC durch Maßnahmen auf einer organisationalen Ebene zu festigen.

Zur Stärkung des Systemvertrauens ist die **zielgruppenspezifische Ansprache von Teilnehmern bei Ideenausschreibungen** besonders interessant. Erhalten nämlich bereits aktive Teilnehmer von einem Community-Betreiber Ideenausschreibungen, die gar nicht ihren Interessen entsprechen, so löst dies bestenfalls Ignoranz und im schlimmsten Fall einen aversiven Reiz in Form einer Verärgerung oder Reaktanz aus, wodurch Misstrauen entsteht.

Von den analysierten Communities griff erstaunlicherweise kein Betreiber einer Ideenplattform auf eine derartige zielgruppenspezifische Ansprache bei seinen Ideenausschreibungen zurück.

Um das Vertrauen durch eine auf den Teilnehmer „zugeschnittene" Ansprache im Rahmen von Ideenausschreibungen zu festigen, ist deshalb zu beachten, dass die **richtigen Teilnehmer** mit den **richtigen Inhalten** angesprochen werden.

Um dies zu erreichen, stehen den CCs grundsätzlich zwei Möglichkeiten zur Verfügung: Zum einen können die dafür notwendigen Informationen selbst vom Teilnehmer kommuniziert werden, z.B. über Angaben im Profil wie „Meine Interessen". Diese Informationen bieten den Betreibern einer Community dann eine gute Grundlage für eine Selektion zur zielgruppenspezifischen Ansprache.[272]

Zum anderen eröffnen die Instrumente der **Big Data** die Möglichkeit, die dafür relevanten Informationen zu gewinnen. Dabei werden mathematische Algorithmen zur Bearbeitung von Datenmengen eingesetzt, um durch **Datamining** bestimmte Muster und Wiederholungen in den Datensätzen von Teilnehmern zu erkennen und diese für Marketingaktivitäten zu nutzen.[273] So werden derartige Algorithmen bereits in den sozialen Netzwerken oder in Internetsuchmaschinen

---

[270] Vgl. Kenning, P., Consumer Neuroscience, 2014, S. 185.
[271] Vgl. Kenning, P., Consumer Neuroscience, 2014, S. 182.
[272] Vgl. Braun, D., Der Facebook News Feed Algorithmus, 2014, Onlinequelle.
[273] Vgl. Köbnik, M., Netz-Algorithmen, 2013, Onlinequelle.

eingesetzt, um z.b. die Streuverluste von Benachrichtigungen zu verringern und nur jene Inhalte an Internetnutzer zu kommunizieren, die auch tatsächlich für diese Relevanz besitzen.[274]

Bezogen auf Creative Communities könnten **Algorithmen** mit Schlagworten arbeiten, die von den Nutzern hinterlegt werden (in Angaben im Profil oder zur Registrierung) wie bspw. „Mann" oder „Frau", „Vegetarier", „Sportler" oder Kategorien wie „Herkunft", „Interessen", „Hobbies", „Beruf". Nach diesen werden die Ideenausschreibungen dann für die Teilnehmer gefiltert. Dieses Vorgehen erhöht die Wahrscheinlichkeit, dass sich die Teilnehmer angesprochen fühlen und sich auch eingehend mit der Ideensuche auseinandersetzen, da diese genau ihren Interessen entspricht. So fühlt sich z.B. eine Frau eher von einer Ideenausschreibung angesprochen, wenn es sich um eine neue Idee für Frauenkosmetik handelt, und ein bekennender Hobbyhandwerker mehr von der Weiterentwicklung einer Bohrmaschine.

Anspruch jeder Creative Community sollte es somit sein, ihre Nutzer nicht mit einer Masse von Nachrichten zu überfrachten, sondern ihnen nur die für sie relevanten Ideenausschreibungen und aktuellen Neuigkeiten anzuzeigen.

Aus der Sicht der Motivationspsychologie ist noch auf eine weitere interessante Möglichkeit hinzuweisen, den Kreis von besonders motivierten Teilnehmern für eine CC zu erweitern, und zwar durch die **Rekrutierung von Teilnehmern aus sozialen Netzwerken**. Über Softwareschnittstellen zu sozialen Netzwerken ist es Community-Betreibern möglich, auch die Social-Media-Fans des Unternehmens in den Innovationsprozess einer CC zu integrieren, z.B. über die *Facebook* Fanpage.[275] Die dort registrierten Fans entsprechen meist genau der Zielgruppe des Unternehmens bzw. der Plattform und können so ihre Wünsche und ihr Wissen gezielt in eine CC einbringen.[276] Dem Teilnehmer wird der Zugang zur einer CC-Plattform dabei eher spielerisch ermöglicht, da der Zutritt über die bekannte Social-Media-Unternehmensseite erfolgt, auf die sich die Teilnehmer bereits vorher aus eigenem Antrieb Zugang verschafft hatten.[277] Ein Vorteil für beide Seiten ist so die Nutzung des Facebook-Accounts zur gleichzeitigen Anmeldung auf der CC ohne separate Registrierung (Social Log-in).[278]

---

[274] Vgl. Gruber, A., Gezielte Werbung, 2015, Onlinequelle.
[275] Vgl. Aydin, V. U., Van Delden, C., Open Innovation, 2013, S. 43.
[276] Vgl. Aydin, V. U., Van Delden, C., Open Innovation, 2013, S. 44.
[277] Vgl. Aydin, V. U., Van Delden, C., Open Innovation, 2013, S. 43.
[278] *Für Informationen zum Social Log-in siehe auch Kriterium Registrierung als Basisfaktor (Kapitel 3.2.2).*

Als weiterer Vorteil ist anzusehen, dass durch die Einbeziehung dieser Zielgruppe die Heterogenität und damit die Quantität der Creative Community steigt, denn: „Je diverser der Teilnehmer-Pool in seiner Zusammensetzung ist, desto verschiedener und vielfältiger sind die eingereichten Ideen."[279] Auch sind die Teilnehmer anschließend intrinsisch motiviert, ihre Ergebnisse und Projektfortschritte über soziale Netzwerke zu teilen, wodurch wiederum neue Fans und potenzielle Teilnehmer für CCs gewonnen werden können. So können positive virale Effekte entstehen, die dann idealerweise in Social-Media-WOM-Kampagnen münden.[280]

Einen zusammenfassenden Überblick über die wesentlichen Erfolgsfaktoren zur Gestaltung von Creative Communities aus neurowissenschaftlicher Sicht gibt die Abbildung 3.20.

Abbildung 3.20 Überblick über die Erfolgsfaktoren von Creative Communities nach neurowissenschaftlichen Erkenntnissen

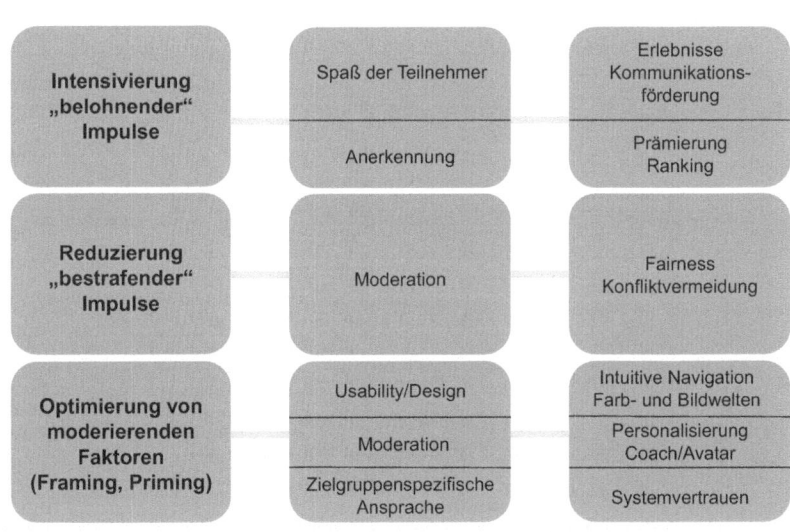

Quelle: Eigene Darstellung.

---

[279] Aydin, V. U., Van Delden, C., Open Innovation, 2013, S. 44.
[280] Vgl. Aydin, V. U., Van Delden, C., Open Innovation, 2013, S. 44f.

4 Handlungsempfehlungen für Unternehmen

Reinhard Willfort

In den letzten Jahren konnte beobachtet werden, wie Unternehmen mit Hilfe von Creative Communities, die in verschiedenen Branchen und Geschäftsbereichen eingesetzt werden, Produkt-, Dienstleistungs- und Geschäftsmodellinnovationen hervorbringen. Das Einbinden von CCs ermöglicht neue Dimensionen des Dienstleistungs- und Produktlebenszyklusmanagements von Innovationen und liefert enorme Potenziale für Start-ups, kleine und mittlere Unternehmen, aber auch für große Unternehmen.

Die erforderliche Internettechnologie zur Einbindung von Creative Communities ist heute beinahe Standard, erfährt aber durch den aktuellen Social-Media-Boom eine interessante Erweiterung in Richtung Netzwerke. In den letzten Jahren sind daher sehr viele temporäre, aber auch langfristig angelegte Portale für Crowdsourcing mit dem Fokus auf Kreativität und Ideen entstanden.

Unternehmen, die Creative Communities erfolgreich für sich nutzen wollen, haben dafür jedoch diverse Herausforderungen zu meistern. In Theorie und Praxis zeigt sich nämlich, dass es für einen effektiven Einsatz von CCs erforderlich ist, alle dazu gehörenden Aktivitäten zu planen, zu implementieren, zu steuern und zu kontrollieren.[281] Diese umfassen primär:[282]

1. Die Vorbereitung im Unternehmen
2. Die Auswahl der Plattform
3. Die Durchführung und Gestaltung des Creative-Community-Prozesses

Der Umgang mit den erzielten Ergebnissen im Unternehmen ist ein weiteres wichtiges Handlungsfeld, damit die gewonnenen Ideen in den Innovationsprozess einfließen können.[283] Die Form, in der eine solche Ideenintegration in den unternehmerischen Innovationsprozess stattfinden kann, hängt jedoch sehr von der jeweiligen Aufgabenstellung ab und ist zudem nicht die Kernaufgabe einer

---

[281] Vgl. Leimeister, J. M., Zogaj, S., Crowdsourcing, 2013, S. 35f.
[282] Vgl. Janczikowsky, S., Crowdsourcing, 2015, S. 14ff.; vgl. Gassmann, O. et al., Crowdsourcing-Prozess, 2013, S. 26ff.
[283] Vgl. Gassmann, O. et al., Crowdsourcing-Prozess, 2013, S. 42f.

Creative Community, weshalb sich die folgenden Ausführungen auf die drei genannten Punkte konzentrieren.

4.1 Vorbereitungen im Unternehmen

Bevor sich ein Unternehmen entscheidet, eine Creative Community zur Lösung einer konkreten Aufgabenstellung einzusetzen, ist grundsätzlich zu prüfen, ob eine derartige Form des Crowdsourcings zu der **Unternehmenskultur passt**.[284] Erfahrungen aus der Praxis zeigen, dass ein möglichst **frühzeitiges Commitment des Top-Managements** für den Erfolg einer CC äußerst förderlich ist. Zudem sollten alle relevanten Projektbeteiligten frühzeitig in den Planungsprozess einbezogen werden und die personellen Zuständigkeiten klar geregelt sein. Besonderes Augenmerk ist auf die vorherige **Klärung aller rechtlichen Fragen** zu richten, wozu insbesondere Aspekte des geistigen Eigentums, des Datenschutzes sowie der Urheber-, Patent- und Schutzrechte zählen.[285]

Zudem sind selbstredend **Kostenaspekte** in den Entscheidungsprozess einzubeziehen, insbesondere die Kosten für den Aufbau und Betrieb der Creative Community.[286] Bei Fremdvergabe über externe Plattformbetreiber (Intermediäre) zahlen Unternehmen, je nach der Reichweite der Kampagne, zwischen 10.000 und 30.000 €, mit zusätzlichen Marketing- bzw. Kommunikationsaktivitäten bis zu 50.000 €. Bei großen internationalen Kampagnen können Kosten von bis zu 100.000 US-$ pro Ideen-Suchaufruf entstehen.[287] Zudem sind Incentives und **Prämien für die Gewinner bzw. eine Erfolgsbeteiligung** einzukalkulieren.[288] Neben den Budget- sind es v.a. **Zeitfragen**, die es zu klären gilt, wie evtl. entstehende Verzögerungen im Betriebsablauf durch die Koordination und Prüfung eingereichter Ideen.[289]

---

[284] Vgl. Janczikowsky, S., Crowdsourcing, 2015, S. 14.
[285] Vgl. Bedenk, S., Stich, A., Innovation mit Kunden, 2015, S. 80; vgl. Hofbauer, G., Customer Integration, 2013, S. 24; vgl. Solmecke, C., Wahlers, J., Recht im Social Web, 2014, S. 21.
[286] Vgl. Großklaus, R. H. G., Von der Produktidee zum Markterfolg, 2014, S. 19; vgl. Wagner, P. A., Open Innovation, 2013, Onlinequelle, S. 11f.
[287] Vgl. Enkel, E., Gassmann, O., Neue Ideenquellen erschließen, 2009, S. 10; vgl. Terpitz, K., Politik der offenen Labore, 2011, Onlinequelle.
[288] Vgl. Hofbauer, G., Customer Integration, 2013, S. 25; vgl. Hoyer, W. D. et al., Consumer Cocreation, 2010, S. 289.
[289] Vgl. Hofbauer, G., Customer Integration, 2013, S. 24.

Sind diese Aspekte der Vorbereitung berücksichtigt, so ist die **Aufgabenstellung für eine Creative Community** zu konkretisieren. Dabei geht es darum, geeignete Teilaspekte des Innovationsprojektes zu definieren, die sich als Aufgaben für einen Ideenwettbewerb unter Einbindung von CCs eignen.[290]

Vornehmlich sprechen wir hier von Aufgabenstellungen, die **„open-ended problems"** sind. Dies sind Aufgabenstellungen, die ein breites Spektrum an Lösungsansätzen in Form von ersten Ideen zulassen und bei welchen es – im Vergleich zu **„closed-ended problems"**, wie etwa Aufgabenstellungen in Intelligenztests – *die* richtige Antwort auf die Aufgabenstellung nicht gibt.

Grundsätzlich gilt es, die Fragestellung möglichst einfach und eindeutig zu formulieren, damit sich möglichst viele Teilnehmer an der Lösung beteiligen können.[291]

Die Tabelle 4.1 zeigt beispielhafte Fragestellungen. Im Rahmen eines 2013 durchgeführten InnovationCamps© haben die genannten zehn Firmen ihre wichtigsten Zukunftsthemen von Creative Communities bearbeiten lassen. Im Rahmen dieses Camps wurden insgesamt 262 Ideen beigesteuert und 2.152 Bewertungen durchgeführt.

Tabelle 4.1   InnovationCamp© - Fragestellungen

Sicherung von Fachkräften	Wohnen
**VAMED-KMB	clublebenszeit:** Was kann und soll ein Unternehmen ergänzend zu monetären Anreizen bieten, um qualifizierte Fachleute zu gewinnen und diese langfristig im Unternehmen zu halten?	**Riedergarten Immobilien:** Welche Anforderungen stellt der Durchschnittskäufer aus der gehobenen Mittelschicht an eine Eigentumswohnung in guten Lagen in Klagenfurt und Villach im Jahre 2030?

---

[290] Vgl. Leimeister, J. M., Zogaj, S., Crowdsourcing, 2013, S. 35f.; vgl. Janczikowsky, S., Crowdsourcing, 2015, S. 14f.
[291] Vgl. Janczikowsky, S., Crowdsourcing, 2015, S. 15.

Arbeitsplatz der Zukunft	Automobilindustrie
VAMED-KMB ǀ clublebenszeit: Welche Maßnahmen kann ein Unternehmen zur Stärkung der psychosozialen Kompetenz der Menschen leisten, um ihre Gesundheit und Leistungsbereitschaft zu fördern?	**AVL List:** Wie sieht ein intelligentes Messgerät für die Entwicklung von Antriebssträngen in der Automobilindustrie im Jahr 2020 aus?
Marketing & Vertrieb	**Elektromobilität**
Bona Austria: Welche Einsatzgebiete, Marketing- und Vertriebsstrategien sowie neue Arten der Produktpräsentation und Verpackung gibt es für den neuen „Bona SprayMop"?	**Europlast:** Welche Ideen hast du für das trendige Elektrofahrzeug „Elcoom"?
Crowdfunding	**Lebensmittelsicherheit**
ISN – Innovation Service Network: Wie kann man Crowdfunding in Österreich etablieren?	**Romer Labs:** Was kommt 2030 auf Ihren Tisch?
Monitoring	**Servicedokumentation**
Petschacher: Was kann eine Brücke ihren Benutzern alles „erzählen"?	**AVL List:** Wie sieht die Service- und Anwender-Dokumentation im Jahr 2020 aus?
Sensoren der Zukunft	**Online-Auktionen**
Infineon Technologies Austria: Was sind zukünftige Anwendungen für Sensoren im täglichen Leben?	**Die Kleine Zeitung:** Wie wird sich die Online Auktionsplattform der Kleinen Zeitung weiterentwickeln?

Quelle: Granig, P., Grillitsch, W. et al., InnovationCamp©, 2016, S. 233.

4.2 Auswahl der Plattform

Nach der Konkretisierung der Fragestellung rücken folgende Entscheidungen in den Mittelpunkt: Wer sind die **geeigneten Teilnehmer** einer Creative Community und welches ist die **geeignete Plattform**, um diese zu erreichen?

Dabei stellt sich dem Unternehmen die grundsätzliche Frage „Make or Buy"? Hat ein Unternehmen bereits eine eigene Community, kann der Aufbau einer eigenen CC von Vorteil sein.[292]

Größere Unternehmen entwickeln häufig ihre eigene Plattform, wie es bspw. *BMW* mit seiner *Virtual Innovation Agency (VIA)*[293] oder *Tchibo* mit *Tchibo ideas*[294] praktiziert. Unternehmenseigene Creative Communities haben den Vorteil einer positiven Außenwirkung. Das Unternehmen wirkt offen, innovativ und kundennah, dies ist für die Kundenbindung förderlich.[295] Der Aufbau und die Pflege einer eigenen CC verursachen jedoch neben dem beachtlichen zeitlichen Aufwand auch einen hohen Anteil an (fixen) Kosten. Damit sich das Unternehmen auf seine Kernkompetenzen konzentrieren kann, werden zum Teil externe Dienstleister eingesetzt, die technische und methodische Aufgaben übernehmen.[296]

Unternehmen können heute ihre Fragestellungen auch auf bereits existierenden fremden Plattformen (Intermediäre) und in deren Community platzieren, wie z.B. *neurovation.net*[297], *innocentive.com*[298], *designboom.com*[299] oder *atizo.com*[300].

Die Nutzung einer fremden Plattform ist besonders dann sinnvoll, wenn ein Unternehmen eine Creative Community nur kurzfristig einsetzten möchte bzw. diese erst einmal testen will.[301] Ferner eröffnet dies einem Unternehmen die Möglichkeit, gezielt einen anderen, häufig größeren Personenkreis anzusprechen, wodurch sich ein höheres Innovationspotenzial ergeben kann.[302]

Entscheidet sich ein Unternehmen dafür, eine fremde Plattform zu nutzen, so ist die Auswahl der passenden Plattform eine Herausforderung. Gilt es doch, unter Berücksichtigung von Kosten- und Effizienzaspekten einen kompetenten Plattformbetreiber für die Durchführung zu finden.

---

[292] Vgl. Janczikowsky, S., Crowdsourcing, 2015, S. 15.
[293] Vgl. Bayerische Motoren Werke Aktiengesellschaft, BMW Virtual Innovation Agency, 2016, Onlinequelle.
[294] Vgl. Tchibo GmbH, Tchibo Ideas Startseite, 2016, Onlinequelle.
[295] Vgl. Gassmann, O. et al., Crowdsourcing-Prozess, 2013, S. 31.
[296] Vgl. Janczikowsky, S., Crowdsourcing, 2015, S. 15.
[297] Vgl. Neurovation GmbH, Neurovation Startseite, 2016, Onlinequelle.
[298] Vgl. InnoCentive Inc., Innocentive Startseite, 2016, Onlinequelle.
[299] Vgl. Designboom.com, Designboom Startseite, 2016, Onlinequelle.
[300] Vgl. Atizo AG, atizo.com Startseite, 2016, Onlinequelle.
[301] Vgl. Janczikowsky, S., Crowdsourcing, 2015, S. 15.
[302] Vgl. Janczikowsky, S., Crowdsourcing, 2015, S. 15.

Der nachstehende Überblick zeigt die wichtigsten Kriterien auf, die ein Unternehmen bei der Auswahl eines Intermediäres berücksichtigen sollte:

1. Erfahrungen und Referenzen des Anbieters
2. Reichweite und Größe der Crowd im Zielgebiet und -segment
3. Kosten aller erforderlichen Leistungen
4. Usability und Performance der IT-Plattform
5. Flexibilität und Verfügbarkeit in zeitlicher sowie personeller Hinsicht

4.3 Durchführung und Gestaltung

Der Crowdsourcing-Prozess einer Creative Community beginnt in den meisten Fällen mit einer offenen Aufgabenstellung und endet innerhalb der Community mit der Vorauswahl von Ideen. In Abbildung 4.1 ist ein typischer Workflow einer Crowdsourcing-Plattform zu sehen. Dieser Prozess kann sowohl auf die Generierung von Ideen zu neuen Dienstleistungen, Produkten oder Geschäftsmodellen angewendet werden als auch zur Vermarktung und zum Vertrieb neuer Produkte und Dienstleistungen genutzt werden. Auch der Aufbau einer unternehmenseigenen Produkt-Community orientiert sich an diesem Ablauf.

Abbildung 4.1 Crowdsourcing-Prozess am Beispiel der Neurovation Plattform

Quelle: In Anlehnung an Willfort, R., Weber, C., Crowdpower, 2016, S. 215.

Ideeneinreichphase: Nach einer ein- bis dreimonatigen Phase der Ideensammlung erfolgt eine Vorauswahl durch die Creative Community, und zwar durch die Gegenüberstellung von zwei konkreten Ideen. Dadurch kann eine faire und objektive Reihung der eingereichten Ideen erzielt werden. Je nach Wettbewerb

Handlungsempfehlungen für Unternehmen

kommt eine bestimmte Anzahl an Ideen in die nächste Phase, die meisten eine Jury-Bewertung beinhaltet.

Bewertungsphase: Die Teilnahme an der Bewertung (Abbildung 4.2) steht jedem Teilnehmer offen. In manchen Plattformen sind sog. **Gamification-Aspekte** integriert, d.h., Teilnehmer erhalten Punkte durch die aktive Teilnahme an der Bewertungsphase, aber auch, wenn andere Teilnehmer deren Idee auswählen.

Abbildung 4.2 Beispiel zur Ideenbewertung auf Neurovation

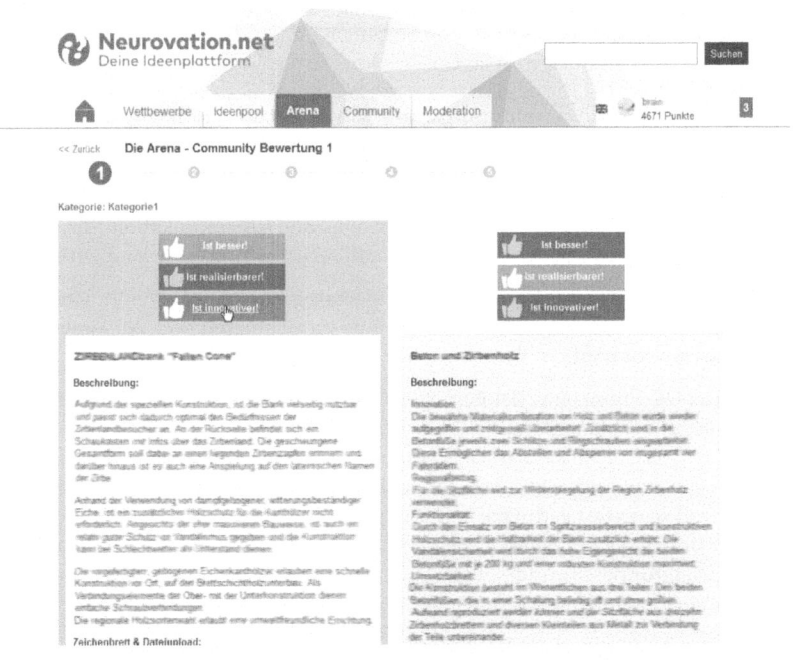

Quelle: Neurovation GmbH, Screenshot Neurovation.net, 2016, interne Quelle.

Juryphase: Die Entscheidung über die Umsetzung liegt letztlich beim Unternehmer, der die Ressourcen zur Verfügung stellt und damit den typischen Verlauf eines Innovationsprozesses in einem Unternehmen bestimmt. Im Rahmen einer Jury kann das Unternehmen die besten Ideen auswählen lassen. Die Vorauswahl durch die Creative Community ist dabei ein wichtiger Impuls in Bezug auf das Marktfeedback auf eine bestimmte Idee.

Gerade in frühen Phasen können Innovationen meist nicht oder noch nicht monetär beschrieben werden. Dies erfolgt v.a. über qualitative Kriterien wie Checklisten, verbale Modelle, K.O.-Kriterien oder Scoring-Modelle. Die Bewertung sollte in einem interdisziplinären Team erfolgen, um verschiedene Blickwinkel zu gewinnen.[303]

Die Dauer der einzelnen Phasen eines Ideenwettbewerbs wird i.d.R. von den Auftraggebern festgelegt. Dabei ist es empfehlenswert, die Einreich- und Feedbackphase für ca. sechs bis acht Wochen einzuplanen, die Community-Evaluierung in zwei bis vier Wochen vorzunehmen und im Anschluss eine Jury die besten Ideen prämieren zu lassen.

Für die erfolgreiche Durchführung von Crowdsourcing-Projekten in Form von Creative Communities haben sich im Laufe der Praxis die folgenden sechs Schlüsselfaktoren herauskristallisiert:[304]

1. **Kommunikation:** Crowdsourcing lebt von der Kommunikation, der Kommunikationsleistung, d.h., ein guter Medienpartner und -plan sind wichtig.

2. **Zielgruppe:** Um die Kommunikationsleistung überhaupt effektiv einsetzen zu können, ist es wichtig, die Zielgruppe zu definieren und zu wissen, wie diese erreicht wird.

3. **Preise:** Die Preise bzw. Belohnungen sind im Einklang mit dem gewünschten Aufwand zu planen. Bei heterogenen Communities, deren Teilnehmer den Veranstalter nicht kennen und örtlich weit verbreitet sind, hat es sich als wirksam erwiesen, vornehmlich Geldpreise zu vergeben. Fallweise kann es sinnvoll sein, die Geldpreise mit Sachpreisen zu ergänzen. Preise, die zeitlich oder örtlich gebunden oder thematisch spezialisiert sind, grenzen die mögliche Zielgruppe ein und sollten daher mit der ausgewählten Zielgruppe in Übereinstimmung gebracht werden.

4. **Thema:** Je spezifischer das Thema und je höher die fachliche Komplexität, desto geringer ist erfahrungsgemäß die Beteiligung an der Initiative, da durch die erhöhten Anforderungen die Zielgruppe potenzieller Ideenbringer eingeschränkt wird. Sollen dennoch komplexere Themen bearbeitet werden,

---

[303] Vgl. Gassmann, O., Granig, P., Innovationsmanagement, 2013, S. 48.
[304] Vgl. Neurovation GmbH (Volleritsch, J.), Keyfactors für Open Innovation Projekte, 2015, interne Quelle.

bietet es sich an, nebst einer gezielten Zielgruppenaktivierung eine zweite, allgemeinere Aufgabe zu stellen, die die Aktivität und Interaktion in der Community erhält.

5. **Zeit:** Ohne eine bestehende Community ist der Faktor Zeit von enormer Bedeutung. Bei Open-Innovation-Initiativen sollte eine Durchlaufzeit von mindestens drei Monaten eingeplant werden (inkl. Ideenfindung, Community-Bewertung und finale Ideenauswahl durch eine Jury). Erfahrungsgemäß dauert es ca. zwei Wochen, bis die Community bei guter Bewerbungsplanung und Zielgruppenaktivierung eine brauchbare Eigendynamik entwickelt.

6. **Moderation:** Personen mit fachlicher, aber auch methodischer Kenntnis werden benötigt, um die Teilnehmer optimal zu betreuen. Dadurch steigt u.a. die Qualität der Ideen. Bei Beginn jeder Initiative ist der Betreuungsaufwand erfahrungsgemäß höher, da die Beteiligung meist erst allmählich ansteigt. Daher sollten besonders in der Anfangszeit dankende und anerkennende Feedbacks vergeben werden, die vielleicht auch weitere Details aus einer Idee herausholen und so die Interaktion mit dem Teilnehmer fördern und dessen Interesse, Aktivität und damit auch das Vertrauen in den Veranstalter der Initiative erhöhen. Ab einer gewissen Größe der Community entfaltet sich eine Eigendynamik, bei der der Moderationsaufwand seitens des Veranstalters abnimmt. Teilnehmer geben ab diesem Zeitpunkt dann selbständig zügig Feedback zu neu eingegangenen Beiträgen. Dem Moderator kommt dann hauptsächlich die Rolle einer inhaltlichen Überprüfungsinstanz, eines geschickten Diskussionslenkers und Ansprechpartners zu.

Da eine **kompetente Moderation** für den Erfolg einer Creative Community von besonderer Bedeutung ist, zeigt die Tabelle 4.2, auf welchen Grundlagen eine erfolgreiche Moderation in der Praxis basiert und welche speziellen Verhaltensweisen dort konkret eingesetzt werden sollten.

Tabelle 4.2 Grundlagen der Moderation und Verhaltenshinweise

Grundlagen der Moderation
Transparenz und respektvoller Umgang mit Usern und Ideen stehen an erster Stelle
Klare Zuständigkeiten: Wer moderiert hier? Wer ist zuständig?
Spielregeln immer zu Beginn festsetzen und „nie" verändern
Moderieren, nicht eingreifen („Ich weiß es besser")
Reaktionsgeschwindigkeit entscheidet auch über die Stimmung
Das geschriebene Wort unterscheidet sich vom gesprochenen Wort
Moderation – So wird's gemacht
Ideen regelmäßig lesen und kommentieren (wenn nötig) – kritische, aber nicht respektlose Fragen
Holen Sie **Experten** in die Plattform (Ideen sind wertvoll und werden ernst genommen)
Gute Ideen für die engere Auswahl nominieren, z.B. für einen Workshop
Wenn nötig, Ideen in eine andere Richtung lenken durch **Feedbackfunktion**
Bleiben Sie **nach außen hin „neutral",** nicht innerhalb der Kommunikation bewerten
Vor allen sind **motivierendes Feedback, konstruktive Kritik und offene Fragen** einzusetzen, um die Fokussierung von Ideen zu fördern und Potenzial „herauszukitzeln"
Die **Verlinkung zu anderen Ideen** (Dokumenten, Seiten etc.) kann innerhalb von Feedback auch hilfreich sein
Weisen Sie die Ideeneigner gezielt darauf hin, dass diese das **Feedback,** das sie sinnvoll finden, **auch in die Idee einbauen** können
Einige Moderationstätigkeiten ziehen eine **Nachricht an den User** nach sich

Quelle: Neurovation GmbH (Weichert, M.), Grundlagen der Moderation, 2015, interne Quelle.

4.4 Case Studies zu Creative Communities

4.4.1 Ideen-Community „innovatüv"

Reinhard Willfort und Christoph Schwald

Ausgangssituation und Zielsetzung

Die *TÜV AUSTRIA* Gruppe ist ein führender globaler Dienstleister für integriertes Sicherheits-, Qualitäts-, Umwelt- und Ressourcenmanagement mit Hauptsitz in Wien. Im Portfolio der *TÜV AUSTRIA* Gruppe befinden sich über 300 Services in den Bereichen Industrial Services, Prüfung, Überwachung, Zertifizierung, IT-Security, Unternehmensberatung und Aus- und Weiterbildung, die in mehr als 30 Ländern angeboten werden. Insgesamt beschäftigt die Unternehmensgruppe mehr als 1.400 Expertinnen und Experten.

Das Unternehmen selbst ist v.a. innerhalb der letzten zehn Jahre rasch und auch international gewachsen. Dies hat dazu geführt, dass es über die vielen Standorte stark fragmentiert wurde. Innerhalb der Unternehmensgruppe gibt es daher viele verschiedene Kulturen. Global gesehen hat es bis vor zwei Jahren noch keine global vernetzte Ideen-Community zur Ergänzung des Innovationsmanagements gegeben.

Das Unternehmen befindet sich in einem sich rasch verändernden gesellschaftlichen sowie technologischen Umfeld, und die Branche zeigt Konsolidierungstrends. Um das Ziel zu erreichen, ein führender, unabhängiger und eigenständiger Dienstleister zu bleiben, der schneller wächst als der Markt, beschreibt der TÜV AUSTRIA sein Innovationsverständnis folgendermaßen:

„Wir leben in einer Zeit des raschen technologischen Fortschritts. Der TÜV AUSTRIA sieht sich dabei als Technologie-Wegbegleiter: Neue Technologien werden aktiv begleitet, denn nur wenn diese sicher, beherrschbar und umweltfreundlich sind, werden sie von Wirtschaft und Gesellschaft akzeptiert."[305]

Innovationen an sich definiert das Unternehmen dreifältig: Erstens als „neue Dienstleistungen oder Produkte", zweitens als „Weiterentwicklungen oder Erweiterungen von Dienstleistungen" und drittens als „Prozessverbesserungen, die zu Kostenreduktionen führen".

---

[305] Schwald, C., innovatüv: Die TÜV AUSTRIA Ideen-Community, Unternehmenspräsentation, 2016, S. 5, interne Quelle.

Eine strategische Säule des *TÜV AUSTRIA* ist das Wachstum über Service-Innovationen.

Um dem Innovationsverständnis Ausdruck zu verleihen und die gesetzten Ziele zu erreichen, setzt der *TÜV AUSTRIA* im Innovationsmanagement auf die vier Bausteine „Struktur & Organisation", „Prozess", „Unterstützende Werkzeuge" und „Innovationskultur".

Eines der Kernelemente des Innovationsmanagements ist dabei die unternehmensweite Innovationsplattform *innovatüv*, mit der der *TÜV AUSTRIA* sich in den vergangenen zwei Jahren eine starke internationale Ideen-Community innerhalb der Mitarbeiter aufgebaut hat und während des ersten Durchlaufs der Ideeninitiative bereits 685 User – zum damaligen Stand also mehr als 50 Prozent der Mitarbeiter – involvieren konnte.[306]

Ausgangsbasis und Motivation für eine Ideen-Community

Für den *TÜV AUSTRIA* sind Ideen der Rohstoff für Innovationen. Allerdings musste sich das Unternehmen der Herausforderung stellen, wie man die richtigen Ideen findet, aus denen innovative Produkte mit entsprechendem Marktpotenzial entwickelt werden können, um für seine Kunden Mehrwert zu schaffen und gleichzeitig die Wettbewerbsfähigkeit des Unternehmens langfristig absichern zu können. Denn wie weitläufig bekannt ist, sind Ideen nicht allein in zentralen Entwicklungsabteilungen zu finden. Ideengeber für neue Produkte agieren laut *TÜV AUSTRIA* „oft an Schnittstellen zum Kunden, ob im direkten Kontakt oder auch im Back-Office. Oft auch in komplett konträren Unternehmensbereichen und Funktionen, die durch einen unvoreingenommenen Zugang eine gänzlich neue Sichtweise zur Problemlösung oder Ideenfindung einbringen"[307].

In der Vergangenheit hatte der *TÜV AUSTRIA* quer durch die Tochterunternehmen Ideenworkshops abgehalten. Ein Durchgang hat jedoch durch die Komplexität der Unternehmensgruppe so lange gedauert, dass die anschließend stattfindende Vernetzung fallweise bereits überholt war. Die Kundenprioritäten und -anforderungen hatten sich zwischenzeitlich teilweise drastisch verändert. Um dieser Entwicklung nicht nur Herr zu werden, sondern die global verteilte Intelligenz der Unternehmensgruppe als Potenzial zu nutzen, wurde die Ideenplattform *innovatüv* initiiert. Der Vorstandsvorsitzende der *TÜV AUSTRIA* Gruppe,

---

[306] Vgl. Schwald, C., innovatüv: Die TÜV AUSTRIA Ideen-Community, Unternehmenspräsentation, 2016, S. 20, interne Quelle.
[307] TÜV Austria Holding AG, TÜV Jahresbericht 2014, S. 36.

Dipl.-Ing. Dr. Stefan Haas, meint hierzu: „*innovatüv* versteht sich als neuer Innovationsturbo und versetzt uns in die Lage, mit einem Crowd-Sourcing-Ansatz die komplette *TÜV AUSTRIA* Gruppe zu einer Ideen-Community zu vernetzen."[308] In der Abbildung 4.3 ist der Innovationsprozess der *TÜV AUSTRIA* Group dargestellt.

Abbildung 4.3   Innovationsprozess der TÜV AUSTRIA Group

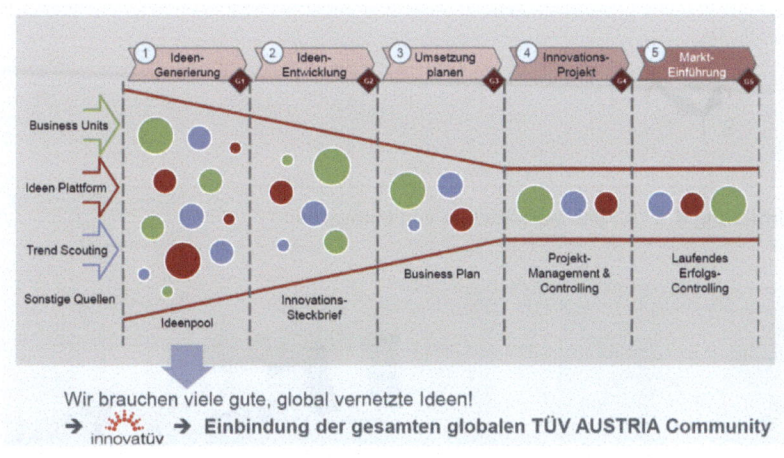

Quelle: Schwald, C., innovatüv: Die TÜV AUSTRIA Ideen-Community, Unternehmenspräsentation, 2016, S. 18, interne Quelle.

Vorbereitung und Roll-out zur Einführung von innovatüv

Die erfolgreiche Einführung von *innovatüv* geht maßgeblich mit einer präzisen Planung sowie einer ausdauernden, internen Kommunikations- und Marketingstrategie einher. Hierzu wurden folgende Aktionen eingesetzt: [309]

---

[308] TÜV Austria Holding AG, TÜV Jahresbericht 2014, S. 36.
[309] Vgl. Schwald, C., innovatüv: Die TÜV AUSTRIA Ideen-Community, Unternehmenspräsentation, 2016, S. 18, interne Quelle.

- Entwurf von Logo und Branding

- Erstellung eines Maskottchens:

    A.D.O.N.I.S. – **A**ssistant for the **D**evelopment **O**f **N**ew **I**deas and **S**ervices

Abbildung 4.4   Das Maskottchen von innova**tüv**

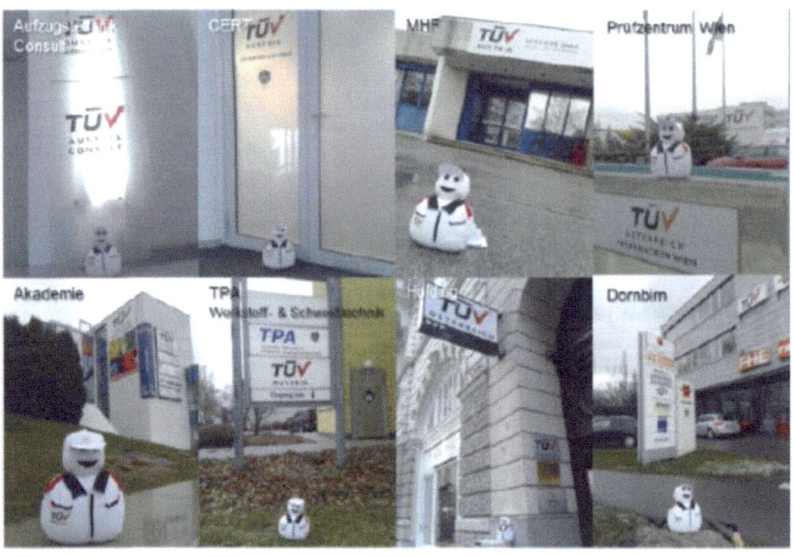

Quelle: Schwald, C., innova**tüv**: Die TÜV AUSTRIA Ideen-Community, Unternehmenspräsentation, 2016, S. 18, interne Quelle.

- T-Shirts und Kappen
- Flyer, Poster, Roll-up-Banner, aktive Verteilung
- Roll-out:
  - Konzern-Management-Meeting
  - Artikel in Mitarbeiterzeitschrift
  - Intranet, Counter, E-Mail-Signatur
- „Startschuss" der Initiative wurde vom Vorstand selbst gegeben
- Laufende Befeuerung und Motivation der Community:
  - Verlosung von T-Shirts
  - „Road-Shows" bei Niederlassungen

Als Schlüsselfaktor des erfolgreichen Roll-outs nennt *TÜV AUSTRIA* ganz eindeutig: „Kommunikation, Kommunikation, Kommunikation!"

Die initiale Ideeninitiative auf innovatüv

Alle *TÜV AUSTRIA* Mitarbeiter weltweit wurden eingeladen, ihre Ideen einzubringen, zu diskutieren und weiterzuentwickeln. Im Vorfeld sowie begleitend zum Wettbewerb gab es, wie beschrieben, eine breite Marketingkampagne mit eingestreuten „Goodies" zur zusätzlichen Motivation der Teilnehmer, wie z.B. die Verlosung von T-Shirts oder Kappen.

Sehr wichtig war die aktive Moderation der Initiative v.a. zu Beginn, um „Kultur-Standards" vorzuleben und die User aktiv miteinander zu vernetzen. Zusätzlich gab es eine intensive Kommunikationsbegleitung über Newsletter, Blogs, „Feiern der Ideen-Heroes", bei der Award-Ceremony und auf internen Kommunikationsplattformen. Der aktivste Teilnehmer erhielt zudem einen Sonderpreis. Als essenziell betont *TÜV AUSTRIA* die Sicherstellung schneller Umsetzungsentscheidungen.[310]

Für die initiale Ideeninitiative wurden drei Aufgabenstellungen definiert. Zwei davon waren eher breit und versprachen eine rege Teilnahme der Mitarbeiter, eine dritte wurde bewusst spezieller gesetzt, um zu erproben, wie die Mitarbeiter darauf reagieren. Hier die Aufgabenstellungen der drei Ideen-Wettbewerbe im Überblick:

---

[310] Vgl. Schwald, C., innovatüv: Die TÜV AUSTRIA Ideen-Community, Unternehmenspräsentation, 2016, S. 17, interne Quelle.

Aufgabenstellung 1: „Ideen für neue Dienstleistungen und -bereiche"

Ergebnis: 198 Ideen

Aufgabenstellung 2: „Vereinfachung unserer Arbeitsprozesse"

Ergebnis: 169 Ideen

Aufgabenstellung 3: „Industrie 4.0: Was können wir dazu beitragen?"

Ergebnis: 19 Ideen

Abbildung 4.5 Ideen-Plattform innovatüv - I

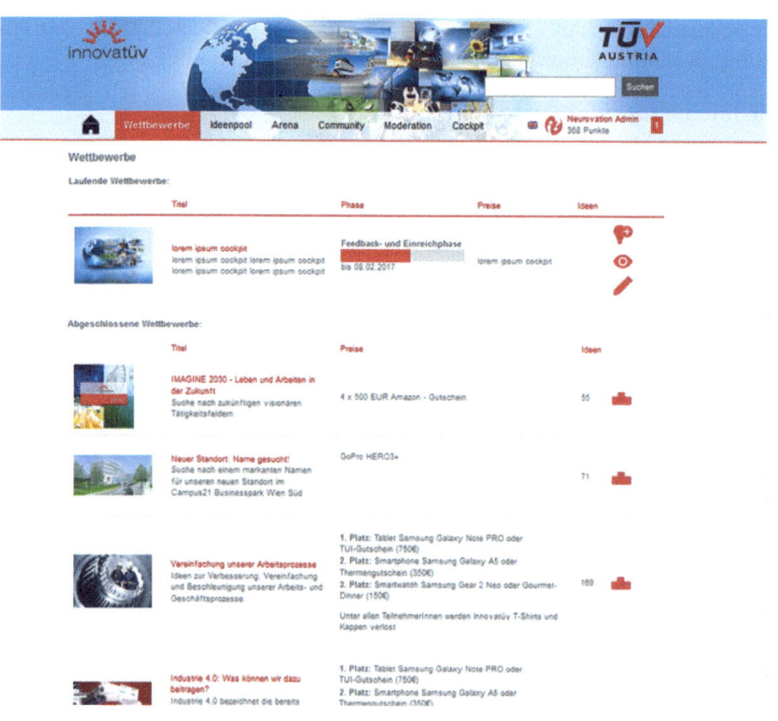

Quelle: Schwald, C., innovatüv: Die TÜV AUSTRIA Ideen-Community, Unternehmenspräsentation, 2016, S. 14, interne Quelle.

Handlungsempfehlungen für Unternehmen 103

Abbildung 4.6 Ideen-Plattform innovatüv – II

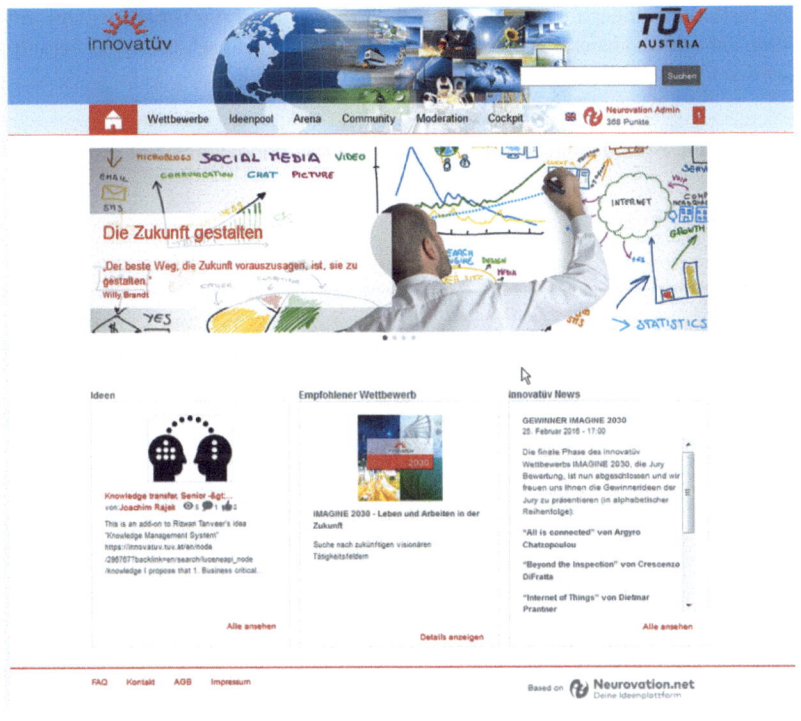

Quelle: Schwald, C., innovatüv: Die TÜV AUSTRIA Ideen-Community, Unternehmenspräsentation, 2016, S. 14, interne Quelle.

Hinsichtlich des zeitlichen Ablaufs wurden die einzelnen Wettbewerbe gleichgeschaltet und so angelegt, dass es eine dreimonatige Phase zum Einreichen und Diskutieren der Ideen gab, gefolgt von einer etwa zweiwöchigen Community-Bewertungsphase. Für die Community-Bewertung wurden alle Ideen auf Deutsch und Englisch übersetzt und den Teilnehmern in Paarvergleichen präsentiert. Anschließend wurden die von der Community vorselektierten Ideen von einer Fachjury begutachtet und zu jeder Fragestellung drei Siegerideen ausgewählt. Die Jury-Bewertungsphase dauerte ca. einen Monat.

Die neun ausgewählten Siegerideen wurden mit für die Community interessanten Sachpreisen belohnt und in Projekte zur potenziellen Umsetzung überführt.

Die restlichen eingegangenen Ideen wurden vom Innovationsmanagement auf Potenzial und Realisierbarkeit geprüft und für weitere Umsetzungsentscheidungen den jeweiligen verantwortlichen Bereichen zugespielt.

Abbildung 4.7 Ablauf und Resultate der initialen Ideeninitiative auf innovatüv

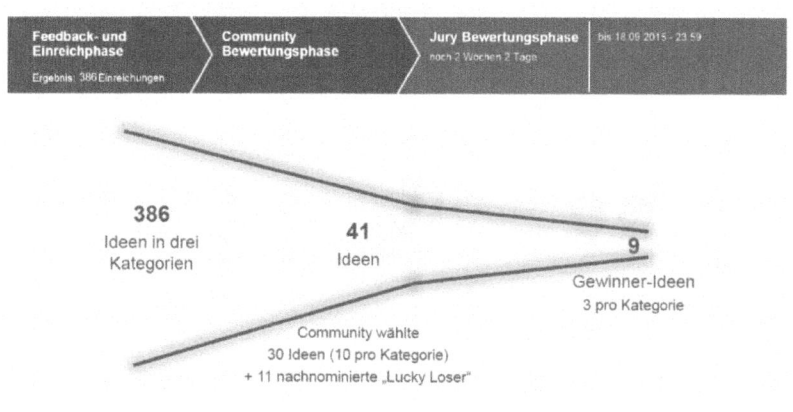

Quelle: Schwald, C., innovatüv: Die TÜV AUSTRIA Ideen-Community, Unternehmenspräsentation, 2016, S. 19, interne Quelle.

Resonanz und Effekte innerhalb des Unternehmens

Mit der Plattform-Lösung *innovatüv* vernetzt der *TÜV AUSTRIA* die gesamte Unternehmensgruppe über einen Crowdsourcing-Ansatz zu einer Ideen-Community, um die global verteilte Intelligenz aller Mitarbeiter zu nutzen. Die Social-Media-Plattform fördert informelle Netzwerke innerhalb des Unternehmens und verleiht diesen Sichtbarkeit. Hierdurch entsteht bei allen teilnehmenden Personen eine hohe Eigenmotivation. Die auf der *innovatüv* integrierten Gamification-Elemente bewirken eine signifikante Motivationssteigerung der Teilnehmer aufgrund der Integration spieltypischer Elemente. Seit der Einführung von *innovatüv* berichtet das Unternehmen von einer deutlichen Verbesserung der Innovations-Kultur.[311]

Paradebeispiel für die gesteigerte Motivation der Mitarbeiter ist der Einsatz asiatischer Kollegen beim Kommentieren von Ideen: Ursprünglich wurden diese auf Deutsch eingereicht.[312] Diese Kollegen haben einige Ideen mittels **Online-Übersetzungstools** in ihre Landessprache überführt, Kommentare zu diesen verfasst und die Kommentare wiederum auf Deutsch zurückübersetzt, um den deutschen Kollegen Feedback zur Idee zu geben.

Lessons Learned – Kritische Erfolgsfaktoren zur Einführung von Ideen-Communities

Im Rückblick der Einführung von *innovatüv* konnte der TÜV AUSTRIA folgende acht Erfolgsfaktoren identifizieren, die sich für die Einführung einer Ideen-Community in Unternehmen als kritisch erweisen (Abbildung 4.8). Diese sind simultan gültig und besitzen keine bestimmte Ordnung oder Gewichtung.

Die wichtigsten Erfolgsfaktoren, die es bei einer Einführung von Ideen-Communities in Unternehmen zu beachten gilt, sind somit:

1. Verfügbarkeit der Moderatoren bei aktiver Community
2. Umsetzungsperspektive der eingebrachten Ideen
3. Commitment des Top-Managements und aktive Beteiligung als Teilnehmer am Prozess; dies generiert Sichtbarkeit und Vertrauen auf die Ernsthaftigkeit
4. Best-Practice-Beispiele recherchieren:
   a. Welche Lösungen setzen andere Unternehmen ein?
   b. Welche Lessons Learned haben diese bereits erarbeitet?
5. Benchmarking für potenzielle Softwaretools durchführen:
   a. Welches ist das passende Tool?
   b. Wer ist ein richtiger und kompetenter Partner für die Umsetzung?
6. Gezieltes internes Marketing und klare Kommunikationsstrategie
7. Klare, durchgängige Regeln und Transparenz – einmal festgelegt, dürfen Regeln in der laufenden Ideeninitiative nicht geändert werden, da die dyna-

---

[311] Vgl. Schwald, C., innovatüv: Die TÜV AUSTRIA Ideen-Community, Unternehmenspräsentation, 2016, S. 13, interne Quelle.
[312] *Ideen konnten auf Deutsch und Englisch beigetragen werden.*

mischen Auswirkungen innerhalb der Ideen-Community fatal wären und schnell zu einem Vertrauensproblem führen können. Dies gilt auch für noch so banale Sachverhalte.

8. Termingerechter Ablauf der Ideeninitiative

Abbildung 4.8 Lessons Learned – Kritische Erfolgsfaktoren zur Einführung von Ideen-Communities

Quelle: Schwald, C., innova**tüv**: Die TÜV AUSTRIA Ideen-Community, Unternehmenspräsentation, 2016, S. 22, interne Quelle.

4.4.2 Open-Innovation-Initiative der BECK Fastener Group

Reinhard Willfort

Ausgangssituation und Zielsetzung

Die *BECK Fastener* Group ist ein 1904 gegründetes Familienunternehmen, das seit über 80 Jahren eine der weltweit führenden Firmen in der Befestigungstechnologie ist. Heute ist die Unternehmensgruppe ein weltweit agierendes, inhabergeführtes Unternehmen mit Standorten in Österreich, Deutschland, Italien, China und den USA. Insgesamt beschäftigt BECK Fastener in acht Unternehmen an sechs Standorten derzeit ca. 500 Mitarbeiter.[313]

„Innovation" steht bei BECK Fastener unter dem Motto: „Stillstand ist Rückschritt". Daher sucht, testet und entwickelt die Unternehmensgruppe Innovationen mit dem deklarierten Ziel, „Kunden bessere Produkte für ein noch effizienteres Arbeiten anzubieten"[314].

Der österreichische Standort der BECK Fastener Group hat sich im November 2015 dazu entschieden, eine Open-Innovation-Initiative in Form eines Ideenwettbewerbes zu starten, um frische Ideen und neue Gedankengänge von betriebsfremden Personen zu erhalten, die zu neuen Innovationen führen könnten.

Abbildung 4.9 zeigt exemplarisch einen Teil der Ideenausschreibung auf *Neurovation* für neue Herausforderungen und Lösungen in der Verbindungstechnik.

Abbildung 4.9 BECK Fastener Group: Herausforderungen und Lösungen in der Verbindungstechnik

Quelle: Neurovation GmbH, Ideenausschreibung der BECK Fastener Group auf Neurovation, 2016, Onlinequelle.

---

[313] Vgl. Raimund Beck KG, Startseite BECK Fastener Group, 2016, Onlinequelle.
[314] Raimund Beck KG, Innovationen, 2016, Onlinequelle.

Motivation und Fragestellung

Als OEM-Lieferant fehlt der Unternehmensgruppe der Kontakt zu den Endverbrauchern bzw. Anwendern für ihre Produkte. Da intern das Fachwissen der Anwender nicht ausreichend vorhanden ist, entstand seitens der F&E-Abteilung der Wunsch, mittels Open Innovation genau diese Gruppe anzusprechen.

Die Fragestellung der Initiative war grundlegend eher technisch, was erfahrungsgemäß eher zu geringerer Beteiligung führen kann. Aufgewogen wurde dieser Anspruch bezüglich des Aufwands und des Know-hows der Benutzer jedoch durch ein Gesamtpreisgeld von 2.000 € und eine Aufspaltung der Fragestellung in zwei Kategorien mit unterschiedlichen Ansprüchen, die unterschiedlichen Plattform-User-Typen die Teilnahme ermöglichten. Die beiden Aufgabenstellungen in den getrennten Kategorien lauteten wie folgt:[315]

Kategorie 1: Neue Anwendungen für maschinelle Befestigung

Fragestellungen:

- *Wo finden sich neue Anwendungen, die sich mit magazinierten Befestigungsmitteln für Druckluftnagler (z.B. Nagelpistole oder Klammerngerät) einfacher und schneller durchführen lassen?*
- *Kennst du Anwendungen oder Arbeitsabläufe, die mit maschinellen Verbindungssystemen verbessert werden sollten?*

Beispiele: *[mit Verlinkung zu BECK Videos]*

Bisher wurden Trapezbleche für Dach- und Fassaden zeitaufwändig geschraubt. Mit dem BECK-System lässt sich dies mindestens doppelt so schnell realisieren; oder Weidezaundrähte, die mit unserer Lösung maschinell fixiert werden.

Kategorie 2: Alternative Ansätze zur Befestigung im Trockenbau

Fragestellung:

- *Im Trockenbaubereich suchen wir eine Lösung, um Gipsplatten mit magazinierten Befestigungsmitteln maschinell an Stahlblechprofilen zu befestigen. Aktuell werden die Platten zeitaufwändig geschraubt.*

---

[315] Vgl. Neurovation GmbH, Ideenausschreibung der BECK Fastener Group auf Neurovation, 2016, Onlinequelle.

Wichtig: *Die eingereichten Lösungen in der 2. Kategorie müssen die hier beschriebene* **Problemstellung** *berücksichtigen [Link zu BECK Problemstellung]*[316]

- *Welche alternativen Ansätze hast du hierzu?*
  Wir sind auf deine kreativen Ideen gespannt!

Ergänzung zur Kategorie 2: Problemstellung[317]

Ein Problem, das es zu vermeiden gilt:

Einige verfügbare Lösungen führen dazu, dass das Befestigungsmittel das Stahlblech nach Durchbohrung der Gipsplatte verbiegt. Eine enge Verbindung zwischen Gipsplatte und Stahlblechprofil ist dann nicht mehr gegeben.

Unser Lösungsanspruch:

Die optimale Verbindungslösung erzielt eine enge Verbindung zwischen Gipsplatte und Blech und schafft damit einen guten Kraftschluss zwischen beiden Materialien.

Auf den Fotos (Tabelle 4.3) siehst du im Vergleich, wie eine „schlechte" und eine „gute" Verbindungslösung zwischen Gipsplatte und Stahlblechprofil am praktischen Beispiel aussieht.

---

[316] Vgl. Neurovation GmbH, Problemstellung Ideenausschreibung der BECK Fastener Group auf Neurovation, 2016, Onlinequelle.

[317] Vgl. Neurovation GmbH, Problemstellung Ideenausschreibung der BECK Fastener Group auf Neurovation, 2016, Onlinequelle.

Tabelle 4.3	Lösungsanspruch der Problemstellung
Schlechte Verbindung	**Gute Verbindung**
Blech ist verbogen	Blech liegt eng an Gipsplatte an
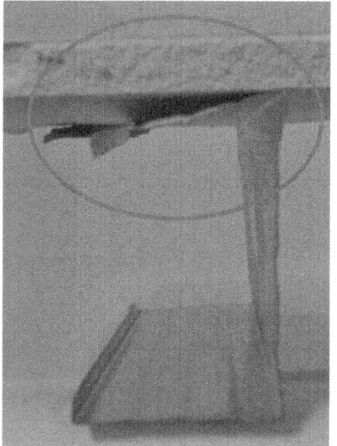	

Quelle: Neurovation GmbH, Ideenausschreibung der BECK Fastener Group auf Neurovation, 2016, Onlinequelle.

Festlegung von Bewertungskriterien und Incentivierung

Transparente **Bewertungskriterien** für Ideenwettbewerbe erfüllen zwei Hauptzwecke: Erstens wissen die Teilnehmer der Initiative besser, was von ihnen erwartet wird und worauf sie bei der Ausarbeitung ihrer Ideen den Fokus richten müssen. Vorab-Recherchen zu Ideen und deren Potenzial sind für die Teilnehmer so besser möglich. Zweitens steigt mit wohlüberlegten und transparent kommunizierten Bewertungskriterien die Wahrscheinlichkeit, dass die Initiative Ideen liefert, die für das ausrichtende Unternehmen brauchbar sind.

Vor Beginn der Initiative hat die *BECK Fastener* Group die Bewertungskriterien definiert, anhand derer die Teilnehmer der Community es einfacher hatten, Ideen einzubringen. Folgende Kriterien wurden vom Unternehmen für die Jury-

Auswahl der Gewinnerideen aufgestellt und vorab den Teilnehmern zugänglich gemacht:[318]

1. **Nutzen:** *Ist deine Idee innovativ und bringt sie dem Anwender einen Vorteil?*
2. **Marktpotenzial:** *Ist es absehbar, dass deine Idee bei Umsetzung auch Abnehmer am Markt hat?*
3. **Umsetzbarkeit:** *Ist eine Umsetzbarkeit wirtschaftlich denkbar?*

Preisgeld und Incentivierung

Bei dieser Open-Innovation-Initiative entschied sich die *BECK Fastener* Group für die Vergabe von Preisgeldern in einer Gesamthöhe von 2.000 €. Das Geld wurde zu gleichen Teilen auf beide Kategorien aufgeteilt und pro Kategorie an jeweils vier Ideen vergeben, wobei die Staffelung folgendermaßen aussah:

- Platz 1: 500 €
- Platz 2: 250 €
- Platz 3: 150 €
- Platz 4: 100 €

Der Vorteil von Geld als Incentivierung sind sowohl die zeitliche und räumliche Flexibilität wie auch die Unabhängigkeit in der Verwendung. Gerade bei heterogenen Communities von Ideenbringern lässt sich so eine größere Ideeneingabe erreichen. Da auch bei technischen Fragestellungen eher „unprofessionelle" Inspirationen zu neuen Lösungen führen können, erreicht man so die Einbeziehung von Personen, die sich bei zu speziellen oder unflexiblen Incentivierungsmaßnahmen vermutlich nicht beteiligen würden.

Das Unternehmen hat sich nach der Auswahl der Gewinner persönlich um die Verteilung der Preisgelder gekümmert und so erneut Kontakt zu den Gewinnern hergestellt.

Zeitlicher Ablauf und Phasen des Ideenwettbewerbs

Der Ideenwettbewerb wurde in drei Phasen abgehalten. Initial war angedacht, den Wettbewerb vom 01.12.2015 bis 15.03.2016 durchzuführen, da die Weihnachtsfeiertage in den Beginn der Ideensammlung fielen. Die Ideensammlung

---

[318] Vgl. Neurovation GmbH, Bewertungskriterien Ideenausschreibung der BECK Fastener Group auf Neurovation, 2016, Onlinequelle.

wurde also über die normalerweise üblichen acht bis zehn Wochen hinaus ausgeweitet und sollte bis 29.02.2016 andauern (Gesamtzeit: 13 Wochen).

Etwa eine Woche vor Ende der festgesetzten Einreichphase entschied sich das Unternehmen dazu, die erste Phase noch zu verlängern, da bis Ende Februar nur 31 Ideen eingebracht worden waren. Die Verlängerung wurde daher bis 02.05.2016 vorgenommen, d.h., es standen den Teilnehmern zusätzliche neun Wochen zur Verfügung, um Ideen zu generieren. In dieser Zeit wurden 22 weitere Ideen eingebracht, so dass die Community mit einer Gesamtzahl von 53 Ideen in die Bewertungsphase überging.

Die Bewertung der Ideen durch die Community (2. Phase des Wettbewerbs) verlief vom 04. bis 11.05.2016. Hierbei wurden die Teilnehmer angehalten, die eingereichten Ideen in anonymen Paarvergleichen grob zu bewerten (Kriterium: „ist besser"). Jeder Teilnehmer ist dabei gezwungen, sich für eine von beiden präsentierten Ideen zu entscheiden. Bei jedem Durchgang werden neue Ideen einander gegenübergestellt, wobei ein Ideenbringer, der an der Bewertung aktiv teilnimmt, seine eigenen Ideen nie selbst zu sehen bekommt. Somit ist eine faire Bewertung möglich, die am Ende eine Rangliste der nach Meinung der Community „besten" Ideen liefert.

Entscheidend für die Aussagekraft der Community-Bewertung nach dem von *Neurovation* entwickelten System des Paarvergleichs ist eine gewisse Mindestbeteiligung (Anzahl der durchgeführten Vergleiche), damit jede Idee gleich oft angezeigt werden kann. Die Mindestanzahl bei 53 Ideen beträgt 1.378 Vergleiche, die von der Community hätten durchgeführt werden müssen. Tatsächlich fanden aber lediglich 507 Paarvergleiche statt.

Dieser Umstand sowie die Tatsache, dass bei technischen Fragestellungen zu neuen Geschäftsmöglichkeiten eine Firma am besten selbst die Gewinnerideen auswählt, haben die *BECK Fastener* Group dazu veranlasst, eine dritte Jury-Bewertungsphase abzuhalten. Denn eine unternehmensfremde Community hat natürlich nicht das Hintergrundwissen, um die Ideen entsprechend zu beurteilen.

Kommunikationsmaßnahmen während des Ideenwettbewerbes

Die Kommunikationsaktivitäten für diese Initiative wurden über zwei Seiten abgedeckt. Der Plattformbetreiber *Neurovation* bewarb die Initiative mit insgesamt fünf Newslettern, die an alle registrierten Plattform-User ausgesendet wurden. Während der Ideensammlung wurden drei Newsletter ausgeschickt und mit Beginn der Community-Bewertung ein vierter. Der letzte Newsletter hat die Plattform-User über die Gewinner informiert.

Die zweite Bewerbungsschiene lief bei *Neurovation* über das Social-Media-Netzwerk auf Facebook, wo die Initiative auf der *Neurovation*-eigenen Seite „Kreatives Österreich" beworben wurde.

Die *BECK Fastener* Group entschied sich zunächst dafür, die Initiative ihrerseits wenig zu bewerben. Die Motivation war, dass sie wirklich neue Ansätze und Ideen generieren wollte, die nicht aus dem Firmenumfeld oder dessen Einzugsbereich stammen. Größter Marketingfaktor war bis dahin der Auftritt beim österreichischen Dach-Kongress in Wien, bei dem der Wettbewerb vorgestellt wurde.

Nach Verlängerung der Einreich- und Feedbackphase wurde die Bewerbung jedoch stärker angetrieben, sodass eine Facebook-Kampagne folgte.

Ergebnisse der Open-Innovation-Initiative

Nach Ablauf der Kampagne waren 53 Ideen von 21 Teilnehmern eingereicht worden, ein Großteil sogar mit erläuternden Zeichnungen der Teilnehmer. Diese Anzahl an Ideen ist für eine derart spezifische technische Fragestellung durchaus brauchbar. Wie das Unternehmen nach einem internen Screening feststellte, waren die Ideen zwar größtenteils nicht technisch anspruchsvoll und – gemessen am Know-how der *BECK Fastener* Group – nicht voll nutzbar, aber dennoch besaßen sie durchaus neue Ansätze und wertvolle Inspirationen, die die gewohnten Denkmuster des Unternehmens zu durchbrechen helfen und so intern weitere Verwendung finden können, um mit den eigenen Fachkräften an neuen, umsetzbaren Lösungen zu arbeiten. Das Ergebnis war nach Aussage des Unternehmens daher durchaus zufriedenstellend.

Lessons Learned

Rückblickend lassen sich die wichtigsten Lernerfahrungen sowohl seitens des Unternehmens als auch des Plattformbetreibers in drei Punkten beschreiben:

1. **Sprache der Initiative**

   Die Initiative wurde rein in deutscher Sprache durchgeführt. Da die *BECK Fastener* Group jedoch eine global agierende Unternehmensgruppe ist, deren interne Hauptsprache eher Englisch ist, wäre die Durchführung der Initiative in englischer Sprache im Rückblick sinnvoller gewesen. Der österreichische Markt ist für das Unternehmen vergleichsweise klein. Es hätten auf diesem Wege größere Teilnehmernetzwerke angesprochen und damit die Anzahl der qualitativ hochwertigen Ideen wahrscheinlich noch gesteigert werden können.

2. **Bewerbung und Kommunikation der Initiative**

Open Innovation lebt davon, dass man eine große Teilnehmerzahl mobilisieren kann. Da erfahrungsgemäß davon auszugehen ist, dass nur etwa 10 Prozent der beworbenen Community aktiv mitmachen und nur etwa 1 Prozent der Teilnehmer als sog. „Poweruser" aus dem Prozess hervortreten, sind fundiertes Marketing und eine ausgeklügelte Kommunikationsstrategie essenziell. Einen Teil der verfügbaren Ressourcen nicht zu nutzen, erscheint im Rückblick daher wenig sinnvoll. Hauptbeweggrund für eine gute Bewerbung bei Open-Innovation-Initiativen sollte immer das Bewusstsein sein, dass nur dann potenziell gute Ideen im Wettbewerb partizipieren können, wenn es Personen gibt, die wissen, dass es diese Initiative überhaupt gibt.

Wie schon in der Case-Study von *innovatüv* beschrieben, ist eine der wichtigsten Aufgaben des Veranstalters einer solchen Initiative daher „Kommunikation, Kommunikation und nochmals Kommunikation".

Ein weiterer wichtiger Punkt ist die Erkenntnis, dass man zunächst einmal viele Ideen benötigt, wenn man viele gute Ideen haben möchte.

3. **Der wirkliche Wert von beigetragenen Ideen bei Open Innovation**

Vor der Verlängerung der Feedback- und Einreichphase war die Stimmung im Unternehmen aufgrund der eingebrachten Ideen eher negativ. Es herrschte die Erwartungshaltung vor, dass von der Community tatsächlich ausgearbeitete und größtenteils direkt verwendbare Ideen das Ergebnis sind, was nach Screening durch BECK Fastener nicht der Fall war. Nach eigener Aussage war im Prinzip keine der Ideen wirklich zu gebrauchen.

Nach zusätzlichem Input in einem Kreativworkshop konnte das Unternehmen jedoch die eigene Perspektive derartig verändern, dass klar wurde, welchen Wert diese Ideen dem Unternehmen bieten: neue Inspiration und mögliche Sichtweisen.

Gerade bei technischen Fragestellungen und einer heterogenen Community, bei der kein allzu großes Fachwissen im eigenen Bereich vorausgesetzt werden kann, ist es wichtig, im Hinterkopf zu haben, dass diese „inspirativen Ideenfetzen" eher als Anregung für die eigenen Mitarbeiter zu sehen sind, abseits der eigenen gewohnten Wege zu denken. Nimmt man daher die Ergebnisse der Initiative als Grundlagenressource für einen internen Ideenworkshop, hat man plötzlich neue Ansätze, die dabei helfen können, die eigenen Denkmuster zu durchbrechen und neue Wege zu gehen, die technisch machbar, wirtschaftlich lukrativ und für den Markt wertvoll sind.

5 Zukunftsperspektiven

Innovationen finden immer weniger isoliert in einzelnen wissenschaftlichen Institutionen oder den Forschungs- und Entwicklungsabteilungen von Unternehmen statt. In Zukunft werden Unternehmen die Ideen und die Kreativität von Vielen immer häufiger in Anspruch nehmen, kleine Start-up-Unternehmen und Mittelständler ebenso wie große, internationale Konzerne.[319]

Die verstärkte Einbindung von Creative Communities in den Innovationsprozess von Unternehmen setzt dabei wichtige Impulse für deren Wertschöpfung: Durch innovative Ideen entstehen neue Produkte und Serviceleistungen, können Prozessoptimierungen in bestehenden Systemen erkannt oder sogar neue Geschäftsfelder identifiziert werden. Das Innovationsrisiko der Unternehmen wird durch die frühzeitige Einbindung von CCs gesenkt und vorhandenes Marktpotenzial wird durch die Ideenabgaben von Kunden abschätzbar. Des Weiteren entsteht durch Creative Communities ein innovatives Netzwerk, wodurch eingefahrene Wege und Denkweisen innerhalb des Unternehmens überwunden werden können. Auch der Bereich des Employer Brandings wird durch CCs positiv beeinflusst. So präsentiert sich das Unternehmen vor, während und nach einer Ideenkampagne als innovativer Vorzeigebetrieb in Online- und Printmedien. Es werden nicht nur neue Ideen gewonnen, sondern das Unternehmen erhält die Möglichkeit, sich als Innovator zu positionieren, und wird dadurch für künftige Mitarbeiter interessant.[320]

Zudem bieten Creative Communities den Unternehmen ein effektives Instrument, um die Bindung ihrer Kunden zu stärken: Durch diese Form der Kundenintegration werden die Konsumenten in Zukunft immer häufiger zum aktiven Mitgestalter ihrer Produkte und Dienstleistungen.

Neue Technologien und der zunehmende ökonomisch-soziale Wandel in der Gesellschaft werden zukünftig nicht nur die Möglichkeiten der Einbindung von Creative Communities in den Innovationsprozess erweitern, sondern sie werden das Crowdsourcing auch in anderen Bereichen von Unternehmen intensivieren,

---

[319] Vgl. Horx, M., Liebenau, A., Creative Crowd, 2013, S. 171.
[320] Vgl. Willfort, R. et al., Crowdfunding und Crowdsourcing, 2015, S. 31.

wie z.B. Marktforschung, Finanzierung, Marketing und Vertrieb sowie After Sales.[321]

Großes Potenzial bietet dabei die aktive Innovationsrealisierung durch finanzielle Unterstützung der Crowd, das sog. Crowdfunding. Insbesondere kleinen und mittleren Unternehmen werden sich dadurch in den nächsten Jahren neue Chancen eröffnen, die über die Finanzierung hinausgehen. Durch die zunehmende Einbindung der „Crowd" in Form von Creative Communities und Crowdfunding werden somit Massenphänomene wirksam, die zur Risikosenkung und zur schnelleren Verbreitung von Produkten und Dienstleistungen und damit zu besseren Unternehmensergebnissen beitragen.

---

[321] Vgl. Gassmann, O. et al., Crowdsourcing, 2013, S. 21; vgl. Willfort, R. et al., Crowdfunding und Crowdsourcing, 2015, S. 6f.; vgl. Horx, M., Liebenau, A., Creative Crowd, 2013, S. 157ff.; vgl. Leimeister, J. M., Zogaj, S., Crowdsourcing, 2013, Onlinequelle, S. 9f.

Anhang

A1: Ausprägungen der Kriterien von Creative Communities und anschließende Zuordnung zum Kano-Modell

A2 : Zuordnung der Kriterien nach ihrem Erfüllungsgrad zum Kano-Modell

A3: Erweiterte Limbic® Map – Überblick

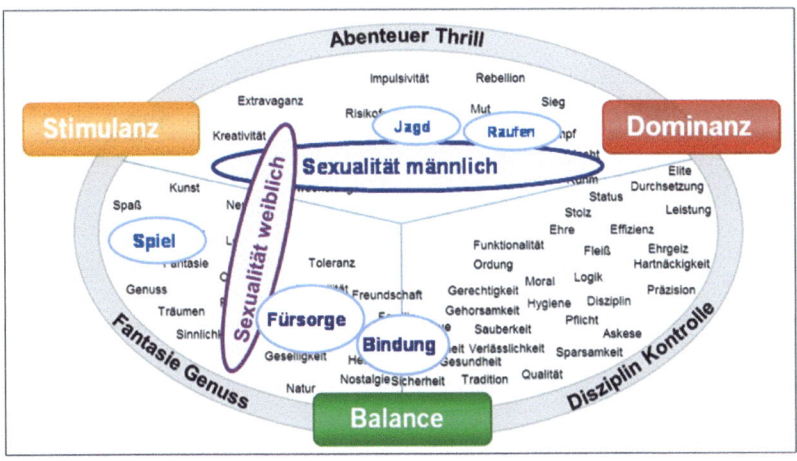

Quelle: Häusel, H.-G., Brain View, 2014, S. 53.

Literatur

Atizo AG [Atizo 360°, o.J.]: Angebot 360° von atizo.com, Onlinequelle, verfügbar unter: http://www.atizo360.com/ (Abrufdatum: 05.12.2015).

Atizo AG [atizo.com Community, 2016]: Community Bereich der Teilnehmer auf Atizo, Onlinequelle, verfügbar unter: https://www.atizo.com/community/ (Abrufdatum: 04.06.2016).

Atizo AG [atizo.com Community-Ranking, 2016]: Community-Ranking der Plattform atizo.com, Onlinequelle, verfügbar unter: https://www.atizo.com/community/ (Abrufdatum: 16.05.2016).

Atizo AG [atizo.com FAQ, o.J.]: Häufig gestellte Fragen zur Plattform atizo.com, Onlinequelle, verfügbar unter: https://www.atizo.com/faq/ (Abrufdatum: 23.11.2015).

Atizo AG [atizo.com Infografik, o.J.]: Infografik mit Zahlen, Daten & Fakten zur Plattform, Onlinequelle, verfügbar unter: https://www.atizo.com/community/infographic/ (Abrufdatum: 23.11.2015).

Atizo AG [atizo.com Startseite, 2016]: Startseite der Ideenplattform atizo.com, Onlinequelle, verfügbar unter: https://www.atizo.com/ (Abrufdatum: 07.01.2016).

Atizo AG [Onlineshop von atizo.com, 2016]: Onlineshop der Atizo AG mit T-Shirts für die Teilnehmer der Community, Onlinequelle, verfügbar unter: http://atizo.spreadshirt.de/frauen-t-shirt-von-american-apparel-A22606669 (Abrufdatum: 05.06.2016).

Aydin, U., Van Delden, C. [Open Innovation, 2013]: Open Innovation – Der Kunde will mitreden, in: IM+io Fachzeitschrift für Innovation, Organisation und Management 3/2013, S. 40-46.

Bayerische Motoren Werke Aktiengesellschaft [BMW Virtual Innovation Agency, 2016]: Startseite der Virtual Innovation Agency von BMW, Onlinequelle, verfügbar unter: https://secure.bmwgroup.com/e/0_0_www_bmwgroup_com/forschung_entwicklung/ein_blicke_in_die_entwicklung/via/via.html (Abrufdatum: 09.08.2016).

Becker, R., Daschmann, G. [Fan-Prinzip, 2015]: Das Fan-Prinzip: Mit emotionaler Kundenbindung Unternehmen erfolgreich steuern, Springer Gabler, Wiesbaden 2015.

Bedenk, S., Stich, A. [Innovation mit Kunden, 2015]: Innovation mit Kunden – Fluch oder Segen?, in: Marketing Review St. Gallen, 2/2015, Spektrum Marketingmanagement, S. 76-85.

Berekoven, L. et al. [Marktforschung, 2009]: Marktforschung: Methodische Grundlagen und praktische Anwendung, 12. Auflage, Gabler, Wiesbaden 2009.

Bielefeld, K. W. [Consumer Neuroscience, 2012]: Consumer Neuroscience, Springer Gabler, Wiesbaden 2012.

Bilgram, V. et al. [Getting Closer to the Consumer, 2011]: Getting closer to the Consumer – How Nivea co-creates new products, in Marketing Review St. Gallen, 01/2011, S. 34-40.

Bischof, N. [Soziale Motivation, 1993]: Untersuchungen zur Systemanalyse der sozialen Motivation, Zeitschrift für Psychologie, 201 (1993), S. 5-43.

Bittner, G., Schwarz, E. [Emotion Selling, 2015]: Emotion Selling: Messbar mehr verkaufen durch neue Erkenntnisse der Neurokommunikation, 2. Auflage, Springer Gabler, Wiesbaden 2015.

Blohm, I. [Open Innovation Communities, 2013]: Open Innovation Communities: Absorptive Capacity und kollektive Ideenbewertung, Springer Gabler, Wiesbaden 2013.

Blum, G. [Akquisition und Kundenbindung, 2014]: Akquisition und Kundenbindung, in: Holland, H., Digitales Dialogmarketing: Grundlagen, Strategien, Instrumente, Springer Gabler, Wiesbaden 2014, S. 73-96.

Böckermann, F. [Customer Knowledge Management, 2013]: Customer Knowledge Management in der Konzeptphase der Neuproduktentwicklung, Springer Gabler, Wiesbaden 2013.

Braun, D. [Der Facebook News Feed Algorithmus, 2014]: WebWissen: „EdgeRank" – Der Facebook News Feed Algorithmus, Onlinequelle, verfügbar unter: http://www.netzstrategen.com/sagen/edgerank-wie-der-facebook-news-feed-algorithmus-funktioniert/, (Abrufdatum: 01.06.2016).

Bretschneider, U. [Ideen-Community zur Kundenintegration, 2012]: Die Ideen-Community zur Integration von Kunden in den Innovationsprozess: Empirische Analysen und Implikationen, Springer Gabler, Wiesbaden 2012.

Brugger, B. [Kundenbindungskonzepte, 2012]: Kundenbindungskonzepte – Kundenbindung: Eine Frage der Strategie, in: Künzel, H., Erfolgsfaktor Kundenzufriedenheit: Handbuch für Strategie und Umsetzung, 2. Auflage, Springer Gabler, Wiesbaden 2012, S. 53-66.

Bruhn, M. [Marketing, 2014]: Marketing: Grundlagen für Studium und Praxis, 12. Auflage, Springer Gabler, Wiesbaden 2014.

Bruhn, M. [Relationship Marketing, 2016]: Relationship Marketing: Das Management von Kundenbeziehungen, 5. Auflage, Verlag Franz Vahlen, München 2016.

Bundesverband Digitaler Wirtschaft e.V. [Innovationsmanagement, 2014]: Studie Innovationsmanagement in der Digitalen Wirtschaft, Onlinequelle, verfügbar unter: http://www.bvdw.org/presseserver/BVDW_HR_Studie_Innovationsmanagement/HR_Studie_Innovationsmanagement_Ergebnisse.pdf (Abrufdatum: 05.07.2016).

Büttgen, M. [Kundenbindung durch Kundenintegration, 2013]: Kundenbindung durch Kundenintegration, in: Bruhn, M., Homburg, C., Handbuch Kundenbindungsmanagement, 8. Auflage, Springer Gabler, Wiesbaden 2013, S. 155-182.

Butzer-Strothmann, K. et al. [Kundenintegration, 2014]: Kundenintegration als Element einer integrierten Unternehmensführung und Einordnung der Beiträge, in: Butzer-Strothmann, K., Kundenintegration: Potential- und Perspektivenvielfalt für Unternehmen, Integrierte Unternehmensführung Band 1, Cuvillier Verlag, Göttingen 2014, S. 1-12.

Connected GmbH [Konsumgöttinnen Startseite, 2016]: Startseite der Plattform Konsumgöttinnen, Onlinequelle, verfügbar unter: http://www.konsumgoettinnen.de/ (Abrufdatum: 03.07.2016).

Corves, A., Hundertmark, D. [Reziprozität in der Markenführung und Marktforschung, 2015]: Reziprozität in der Markenführung und Marktforschung als Chance im digitalen Umfeld, in: Keller, B. et al., Zukunft der Marktforschung: Entwicklungschancen in Zeiten von Social Media und Big Data, Springer Gabler, Wiesbaden 2015, S. 269-287.

Courbet, D. et al. [Spuren im Unbewussten, 2015]: Spuren im Unterbewussten, in: Gehirn und Geist, Ausgabe 03/2015, S. 44-48.

Del Henar Alcalde Heras, M., Kamp, B. [IP and open innovation, 2012]: IP and open innovation, in: Jolly, A., The handbook of European Intellectual Property Management: Developing, managing and protecting your company´s intellectual property, 3. Auflage, Kogan Page Limited, England/USA/Indien 2012, S. 44-49.

Deppe, M. et al. [Anterior Cingulate, 2007]: Anterior cingulate reflects susceptibility to framing during attractiveness Evaluation, in: NeuroReport 18 (11), 2007, S. 1119–1123.

Designboom.com [Designboom Startseite, 2016]: Startseite der Plattform Designboom, Onlinequelle, verfügbar unter: http://www.designboom.com/ (Abrufdatum: 14.08.2016).

Enax, L. et al. [Effects of social sustainability, 2015]: Effects of social sustainability signaling on neural valuation signals and taste-experience of food products, in: Frontiers in Behavioral Neuroscience, 08.09.2015, Onlinequelle, verfügbar unter: http://journal.frontiersin.org/article/10.3389/fnbeh.2015.00247/full (Abrufdatum: 01.06.2016).

Enkel, E., Gassmann, O. [Neue Ideenquellen erschließen, 2009]: Neue Ideenquellen erschließen – Die Chancen von Open Innovation, in: Marketing Review St. Gallen 2/2009, S. 6-11.

Fabel, N. [Kundenintegration im Marketing-Mix von Konsumgütern, 2014]: Kundenintegration im Marketing-Mix von Konsumgütern, in: Butzer-Strothmann, K., Kundenintegration: Potential- und Perspektivenvielfalt für Unternehmen, Integrierte Unternehmensführung Band 1, Cuvillier Verlag, Göttingen 2014, S. 113-122.

Fetchenhauer, D. [Psychologie, 2011]: Psychologie, Verlag Franz Vahlen, München 2011.

Fink, A. et al. [Kreative Produktivität steigern, 2007]: Möglichkeiten zur Steigerung der kreativen Produktivität aus Sicht der Psychologie und der Neurowissenschaften, in: Willfort, R. et al., Creativity@work: Kreative Höchstleistungen am Wissensarbeitsplatz auf Basis neuester Erkenntnisse der Gehirnforschung, Shaker Verlag, Aachen 2007, S. 39-52.

Finzen, J. et al. [Innovation Mining, 2010]: Innovation Mining: Effektive Recherche unternehmensstrategisch relevanter Informationen im Internet, Bericht des Fraunhofer IAO zum Theseus-Forschungsprogramm, Onlinequelle, verfügbar unter: http://www.iao.fraunhofer.de/lang-de/ueber-uns/presse-und-medien/591-studie-innovation-mining.html (Abrufdatum: 21.11.2015).

Forum! GmbH [Das Fan-Prinzip, 2016]: Die Kundentypen im Fan-Portfolio, Onlinequelle, verfügbar unter: http://www.fan-prinzip.de/fan-prinzip/ (Abrufdatum: 05.07.2016).

Foscht, T. et al. [Käuferverhalten, 2015]: Käuferverhalten: Grundlagen – Perspektiven – Anwendungen, 5. Auflage, Springer Gabler, Wiesbaden 2015.

Gassmann, O., Granig, P. [Innovationsmanagement, 2013]: Innovationsmanagement, 12 Erfolgsfaktoren für KMU, Hanser Verlag, München 2013.

Gassmann, O. et al. [Crowdsourcing-Prozess, 2013]: Der Crowdsourcing-Prozess, in: Gassmann, O., Crowdsourcing, 2. Auflage, Hanser Verlag, München 2013, S. 23-45.
Geigenmüller, A. [Interaktionsqualität und Kundenintegrationsverhalten, 2012]: Interaktionsqualität und Kundenintegrationsverhalten: Theoretische Konzeption und empirische Analyse, Gabler, Wiesbaden 2012.
Gondorf, L. [Neuromarketing, 2015]: Neuromarketing: Vom Bauchgefühl zur strategischen Markenführung, Artikel der Absatzwirtschaft vom 08.07.2015, Online-Quelle, verfügbar unter: http://www.absatzwirtschaft.de/neuromarketing-vom-allgemeinem-marketingbauchgefuehl-zur-strategischen-markenfuehrung-58819/ (Abrufdatum: 25.06.2016).
Granig, P., Grillitsch, W. et al. [InnovationCamp©, 2016]: InnovationCamp©: QuerdenkerInnen designen Innovationen. In: Granig, P., Hartlieb, E., Lingenhel, D., Geschäftsmodellinnovationen – Vom Trend zum Geschäftsmodell. Springer Gabler, Wiesbaden 2016, S. 223-244.
Gröppel-Klein, A. et al. [Aspekte der Kundenbindung, 2013]: Verhaltenswissenschaftliche Aspekte der Kundenbindung, in: Bruhn, M., Homburg, C., Handbuch Kundenbindungsmanagement, 8. Auflage, Springer Gabler, Wiesbaden 2013, S. 43-80.
Grohmann, M. et al. [Determinanten der Kundenbindung, 2013]: Determinanten der Kundenbindung, in: Bruhn, M., Homburg, C., Handbuch Kundenbindungsmanagement, 8. Auflage, Springer Gabler, Wiesbaden 2013, S. 81-100.
Großklaus, R. H. G. [Von der Produktidee zum Markterfolg, 2014]: Von der Produktidee zum Markterfolg: Innovationen planen, einführen und erfolgreich managen, 2. Auflage, Springer Gabler, Wiesbaden 2014.
Gruber, A. [Gezielte Werbung, 2015]: Gezielte Werbung – Wie Facebook Sie durchleuchtet, Onlinequelle, verfügbar unter: http://www.sueddeutsche.de/digital/gezielte-werbung-wie-facebook-sie-durchleuchtet-1.2768084 (Abrufdatum: 08.06.2016).
Haller, S. [Dienstleistungsmanagement, 2015]: Dienstleistungsmanagement: Grundlagen – Konzepte – Instrumente, 6. Auflage, Springer Gabler, Wiesbaden, 2015.
Häusel, H.-G. [Brain View, 2014]: Brain View, 3. Auflage, 2014, Haufe, Freiburg 2014.
Häusel, H.-G. [Wissenschaftliche Fundierung, 2011]: Die wissenschaftliche Fundierung des Limbic® Ansatzes, Onlinequelle, verfügbar unter: http://www.haeusel.com/wp-content/uploads/2016/03/wiss_fundierung_limbic_ansatz.pdf (Abrufdatum: 05.07.2016).
Heidbrink, M. et al. [Kunden zu Fans machen, 2014]: Kunden zu Fans machen, in: Marketing Review St. Gallen 2/2014, S. 10-18.
Helm, R. et al. [Persönlichkeitsstruktur von Multiplikatoren, 2011]: Zur Persönlichkeitsstruktur von Multiplikatoren im On- und Offline-Bereich: Steigt deren Zahl durch die Online-Kommunikation?, in: Zeitschrift für Betriebswirtschaft (ZfB) – Journal of business economics, Special Issue 5/2011, Vol. 81, S. 147-177.
Hess, T. [User Generated Content, 2010]: Neue Kanäle, neue Inhalte: User Generated Content oder wie man sich die Energie der Kunden zunutze machen kann, in: Picot, A., Freyberg, A., Media Reloaded: Mediennutzung im digitalen Zeitalter, Springer Verlag, Berlin Heidelberg 2010, S. 33-42.

Hofbauer, G. [Customer Integration, 2013]: Customer Integration: Prinzipien der Kundenintegration zur Entwicklung neuer Produkte, in: Arbeitsberichte – Working Papers der Technischen Hochschule Ingolstadt, Heft Nr. 26, Oktober 2013, Onlinequelle, verfügbar unter: http://www.thi.de/hochschule/aktuelles/working-paper.html (Abrufdatum: 21.11.2015).

Hoffmeister, R. [Internetseite Lugnet, 2015]: Internetseite der Plattform Lugnet, Onlinequelle, verfügbar unter: www.lugnet.com (Abrufdatum: 30.11.2015).

Holland, H., Hoffmann, P. [Crowdsourcing-Kampagnen, 2014]: Crowdsourcing-Kampagnen, in: Holland, H., Digitales Dialogmarketing: Grundlagen, Strategien, Instrumente, Springer Gabler, Wiesbaden 2014, S. 327-347.

Homburg, C., Bruhn, M. [Kundenbindungsmanagement, 2013]: Kundenbindungsmanagement – Eine Einführung in die theoretischen und praktischen Problemstellungen, in: Bruhn, M., Homburg, C., Handbuch Kundenbindungsmanagement, 8. Auflage, Springer Gabler, Wiesbaden 2013, S. 1-39.

Horx, M., Liebenau, A. [Creative Crowd, 2013]: Creative Crowd: Ein Ausblick auf das Crowdsourcing der Zukunft, in: Gassmann, O., Crowdsourcing, 2. Auflage, Hanser, München 2013, S. 153-175.

Hoyer, W. D. et al. [Consumer Cocreation, 2010]: Consumer Cocreation in New Product Development, in: Journal of Service Research, 13(3), 2010, S. 283-296.

Hubert, M., Kenning, P. [Neurobiologische Grundlagen, 2011]: Neurobiologische Grundlagen von Konsumentenverhalten, in: Reimann, M., Weber, B., Neuroökonomie, Springer, Wiesbaden 2011, S. 195-218.

Hübner, L. [Messung des Kundenintegrationsgrades]: Messung des Kundenintegrationsgrades, in: Butzer-Strothmann, K., Kundenintegration: Potential- und Perspektivenvielfalt für Unternehmen, Integrierte Unternehmensführung Band 1, Cuvillier Verlag, Göttingen 2014, S. 67-78.

Hussy, W. [Forschungsmethoden, 2013]: Forschungsmethoden in Psychologie und Sozialwissenschaften, 2. Auflage, Springer Verlag, Berlin Heidelberg 2013.

Ihl, C., Piller, F. [Customer Co-Creation, 2010]: Von Kundenorientierung zu Customer Co-Creation im Innovationsprozess, in: Marketing Review St. Gallen 4/2010, S. 8-13.

InnoCentive Inc. [Innocentive Facts & Stats, o.J.]: Fakten und Statistiken zu Innocentive, Onlinequelle, verfügbar unter: https://www.innocentive.com/about-innocentive/facts-stats (Abrufdatum: 16.01.2016).

InnoCentive Inc. [Innocentive Produktübersicht, 2016]: Produktangebot des Unternehmens, Onlinequelle, verfügbar unter: http://www.innocentive.com/innovation-solutions/products-services-overview (Abrufdatum: 06.01.2016).

InnoCentive Inc. [Innocentive Startseite, 2016]: Startseite der Ideenplattform Innocentive, Onlinequelle, verfügbar unter: https://www.innocentive.com/ (Abrufdatum: 15.01.2016).

InnoCentive Inc. [Innocentive Upcoming Events, 2016]: Ankündigungsbereich für anstehende Veranstaltungen auf Innocentive, Onlinequelle, verfügbar unter: https://www.innocentive.com/resources-overview/resources-solutions/ (Abrufdatum: 04.06.2016).

InnoCentive Inc. [Innocentive Winning Solutions, o.J.]: Umgesetzte Ideenprojekte von Innocentive, Onlinequelle, verfügbar unter: http://www.innocentive.com/forsolvers/winning-solutions/low-cost-rainwater-storage-system (Abrufdatum: 06.12.2015).

Janczikowsky, S., [Crowdsourcing, 2015]: Crowdsourcing im Marketing – Möglichkeiten und Grenzen der Schwarmintelligenz, in: Drees, N., Erfurter Hefte zum angewandten Marketing, Heft 46 (2015), S. 3-30.

Jande, R. [Optimierung der Integrationsbereitschaft des Kunden, 2014]: Optimierung der Integrationsbereitschaft des Kunden – Eine Analyse mit Hilfe der Anreiz-Beitrags-Theorie, in: Butzer-Strothmann, K., Kundenintegration: Potential- und Perspektivenvielfalt für Unternehmen, Integrierte Unternehmensführung Band 1, Cuvillier Verlag, Göttingen 2014, S. 27-40.

Janzik, L. et al. [Motivanalyse Online-Communities, 2011]: Warum Kunden in Online-Communities innovieren: Ergebnisse einer Motivanalyse, in: Zeitschrift für Betriebswirtschaft (ZfB), Special Issue 5/2011, S. 47-81.

Johnson, G. et al. [Strategisches Management, 2011]: Strategisches Management – Eine Einführung, 9. Auflage, Pearson, München 2011.

Kenning, P. [Consumer Neuroscience, 2014]: Consumer Neuroscience, Kohlhammer, Stuttgart 2014.

Kenning, P. [Neuroökonomik, 2014]: Neuroökonomik, Neuromarketing und Consumer Neuroscience, in: Häusel, H.-G., Neuromarketing, 3. Auflage, Haufe, Freiburg München 2014, S. 23-36.

Knutson, B. et al. [Neural Predictors, 2007]: Neural Predictors of Purchase, in: Neuron 53 (1), 2007, S. 147-156.

Köbnik, M. [Netz-Algorithmen, 2013]: Netz-Algorithmen – Das gefilterte Leben, Onlinequelle, verfügbar unter: http://www.br.de/radio/bayern2/wissen/iq-wissenschaft-und-forschung/technik/algorithmen-internet-100.html (Abrufdatum: 08.06.2016).

Köck, A. M. [Steigerung der kreativen Leistung]: Ein Ansatz zur Steigerung der kreativen Leistung bei der Ideengenerierung mittels eines computergestützten Kreativitätstools, Dissertation, Universität Graz 2008.

Koch, J. [Marktforschung, 2012]: Marktforschung: Grundlagen und praktische Anwendungen, 5. Auflage, Oldenbourg Wissenschaftsverlag, München 2012.

Kreutzer, R. T. [Dialog-Marketing, 2014]: Konzepte und Instrumente des Dialog-Marketings, Springer VS, Wiesbaden 2014.

Kreutzer, R. T. [Praxisorientiertes Marketing, 2013]: Praxisorientiertes Marketing: Grundlagen – Instrumente – Fallbeispiele, 4. Auflage, Springer Gabler, Wiesbaden 2013.

Kreutzer, R. T. [Praxisorientiertes Online-Marketing, 2014]: Praxisorientiertes Online-Marketing: Konzepte – Instrumente – Checklisten, 2. Auflage, Springer Gabler, Wiesbaden 2014.

Kroeber-Riel, W., Gröppel-Klein, A. [Konsumentenverhalten, 2013]: Konsumentenverhalten, 10. Auflage, Verlag Franz Vahlen, München 2013.

Kroeber-Riel, W., Esch, F.-R. [Strategie der Werbung, 2015]: Strategie und Technik der Werbung, 8. Auflage, Kohlhammer, Stuttgart 2015.

Kuß, A. et al. [Marktforschung, 2014]: Marktforschung: Grundlagen der Datenerhebung und Datenanalyse, 5. Auflage, Springer Gabler, Wiesbaden 2014.

Lammenett, E. [Praxiswissen Online-Marketing, 2014]: Praxiswissen Online-Marketing: Affiliate- und E-Mail-Marketing, Suchmaschinenmarketing, Online-Werbung, Social Media, Online-PR, 4. Auflage, Springer Gabler, Wiesbaden 2014.

Lange, C. [Kunde als Partner, 2014]: Der Kunde als aktiver Wertschöpfungs- und Innovationspartner, in: Butzer-Strothmann, K., Kundenintegration: Potential- und Perspektivenvielfalt für Unternehmen, Integrierte Unternehmensführung Band 1, Cuvillier Verlag, Göttingen 2014, S. 13-26.

Leimeister, J. M., Zogaj, S. [Crowdsourcing, 2013]: Neue Arbeitsorganisation durch Crowdsourcing: Arbeitspapier 287 der Hans Böckler Stiftung, Düsseldorf 2013, Onlinequelle, verfügbar unter: http://www.boeckler.de/pdf/p_arbp_287.pdf (Abrufdatum: 20.11.2015).

Meffert, H. et al. [Dienstleistungsmarketing, 2015]: Dienstleistungsmarketing: Grundlagen – Konzepte – Methoden, 8. Auflage, Springer Gabler, Wiesbaden 2015.

Meffert, H. et al. [Marketing, 2015]: Marketing: Grundlagen marktorientierter Unternehmensführung: Konzepte – Instrumente – Praxisbeispiele, 12. Auflage, Springer Gabler, Wiesbaden 2015.

mindPool Business Development GmbH [Brainfloor Portfolio, o.J.]: Produktportfolio von Brainfloor für Unternehmen, Onlinequelle, verfügbar unter: http://www.brainfloor.com/brauche_ideen.html (Abrufdatum: 17.01.2016).

mindPool Business Development GmbH [Brainfloor Startseite, 2016]: Startseite der Ideenplattform Brainfloor, Onlinequelle, verfügbar unter: http://www.brainfloor.com/ (Abrufdatum: 17.01.2016).

Möhlenbruch, D. et al. [Instrumente des Web 2.0, 2013]: Instrumente des Web 2.0 im Kundenbindungsmanagement des E-Commerce, in: Bruhn, M., Homburg, C., Handbuch Kundenbindungsmanagement, 8. Auflage, Springer Gabler, Wiesbaden 2013, S. 459-484.

Möller, M. [Online-Kommunikationsverhalten von Multiplikatoren, 2011]: Online-Kommunikationsverhalten von Multiplikatoren: Persönlichkeitsspezifische Analyse und Steigerung des Innovationsinput über User Generated Content, Gabler, Wiesbaden 2011.

Neurovation GmbH [Bewertungskriterien Ideenausschreibung der BECK Fastener Group auf Neurovation, 2016]: Bewertungskriterien der Ideenausschreibung der BECK Fastener Group auf Neurovation, Onlinequelle, verfügbar unter: https://www.neurovation.net/de/beck-fastener/bewertungskriterien (Abrufdatum: 05.08.2016).

Neurovation GmbH [Ideenausschreibung der BECK Fastener Group auf Neurovation, 2016]: Ideenausschreibung für neue Herausforderungen und Lösungen in der Verbindungstechnik der BECK Fastener Group auf Neurovation, Onlinequelle, verfügbar unter: https://www.neurovation.net/de/beck-fastener (Abrufdatum: 09.08.2016).

Neurovation GmbH [Neurovation FAQ, o.J.]: Häufig gestellte Fragen zu Neurovation, Onlinequelle, verfügbar unter: https://www.neurovation.net/de/faqs/ (Abrufdatum: 05.01.2016).

Neurovation GmbH [Neurovation Informationen, o.J.]: Informationen über die Gründung und Idee hinter Neurovation, Onlinequelle, verfügbar unter: http://www.neurovation.at/about-neurovation/ (Abrufdatum: 05.12.2015).

Neurovation GmbH [Neurovation Startseite, 2016]: Startseite der Ideenplattform Neurovation, Onlinequelle, verfügbar unter: https://www.neurovation.net/ (Abrufdatum: 05.01.2016).

Neurovation GmbH [Problemstellung Ideenausschreibung der BECK Fastener Group auf Neurovation, 2016]: Erläuterungen zur Problemstellung der Ideenausschreibung von der BECK Fastener Group auf Neurovation, Onlinequelle, verfügbar unter: https://www.neurovation.net/de/beck-fastener/problemdarstellung (Abrufdatum: 05.08.2016).

Noé, M. [Innovation 2.0, 2013]: Innovation 2.0: Unternehmenserfolg durch intelligentes und effizientes Innovieren, Springer Gabler, Wiesbaden 2013.

Pelzer, C., Burgard, N. [Co-Economy, 2014]: Co-Economy: Wertschöpfung im digitalen Zeitalter: Netzwerke und agile Organisationsstrukturen erfolgreich nutzen, Springer Gabler, Wiesbaden 2014.

Pepels, W. [Käuferverhalten, 2013]: Käuferverhalten, 2. Auflage, Erich Schmidt Verlag, Berlin 2013.

Pispers, R., Dabrowski, J. [Neuromarketing im Internet, 2012]: Neuromarketing im Internet, 2. Auflage, Haufe, Freiburg 2012.

Raab, G., et al. [Marktpsychologie, 2016]: Marktpsychologie, 4. Auflage, Springer Gabler, Wiesbaden 2016.

Raab, G., et al. [Neuromarketing, 2013]: Neuromarketing, 3. Auflage, Springer Gabler, Wiesbaden 2013.

Raimund BECK KG [Innovationen, 2016]: Internetseite zum Thema Innovationen der BECK Fastener Group, Onlinequelle, verfügbar unter: http://www.beck-fastener.com/innovationen.html (Abrufdatum: 14.08.2016).

Raimund BECK KG [Startseite BECK Fastener Group, 2016]: Startseite der BECK Fastener Group, Onlinequelle, verfügbar unter: http://www.beck-fastener.com/unternehmen/unternehmensprofil.html (Abrufdatum: 04.08.2016).

Reichelt, J. [Informationssuche und Online WOM, 2013]: Informationssuche und Online Word-of-Mouth: Eine empirische Analyse anhand von Diskussionsforen, Springer Gabler, Wiesbaden 2013.

Riedl, R. et al. [Trusting Humans and Avatars, 2011]: Trusting Humans and Avatars Behavioral and Neural Evidence, Thirthy Second International Conference of Information Systems, Shanghai 2011, Onlinequelle, verfügbar unter: https://psycho.unibas.ch/uploads/x4epublication/41055/Riedl2011.pdf (Abrufdatum: 05.07.2016).

Roth, G. [Persönlichkeit, 2015]: Persönlichkeit, Entscheidung und Verhalten, 9. Auflage, Klett-Cotta, Stuttgart 2015.

Schallenmüller, G. [Die Seele hat Vorfahrt, 2013]: Die Seele hat Vorfahrt, Onlinequelle, verfügbar unter: http://www.autor-gs.de/Projekt2013/sosei_15_2013_Du09_Gedanken.htm (Abrufdatum: 09.07.2016).

Scheier, C., Held, D. [Wie Werbung wirkt, 2012]: Wie Werbung wirkt: Erkenntnisse des Neuromarketing, 2. Auflage, Haufe Verlag, Freiburg 2012.

Schüller, A. M., Fuchs, G. [Total Loyalty Marketing, 2013]: Total Loyalty Marketing: Mit begeisterten Kunden und loyalen Mitarbeitern zum Unternehmenserfolg, 6. Auflage, Springer Gabler, Wiesbaden 2013.

Seja, C. [Empfehlungserfolge, 2012]: Empfehlungserfolge durch Involvement-Marketing, uni-edition, Berlin 2012.

Send, H., Schildhauer, T. [Partizipationsstudie, 2014]: Online mitmachen und entscheiden – Partizipationsstudie 2014, Studie des Alexander von Humboldt Instituts für Internet und Gesellschaft, Onlinequelle, verfügbar unter: http://www.hiig.de/short_news/partizipationsstudie-2014-veroffentlichungshinweis/ (Abrufdatum: 22.11.2015).

Solmecke, C., Wahlers, J. [Recht im Social Web, 2014]: Recht im Social Web: Der umfassende Ratgeber für alle Fragen im Social Media Marketing: Rechtssicherheit für den Social-Media-Auftritt mit Facebook, Twitter, Blogs und Co., Galileo Press, Bonn 2014.

Starbucks Corporation [My Starbucks Idea Startseite, 2013]: Startseite My Starbucks Idea, Onlinequelle, verfügbar unter: http://mystarbucksidea.force.com/ (Abrufdatum: 05.01.2016).

Taverna, N. [Konsumentenverhalten, 2012]: Die Erforschung des Konsumentenverhaltens mittels neurowissenschaftlicher Methoden – Eine Analyse der Möglichkeiten und Limitationen des Neuromarketings als innovativer Ansatz, Onlinequelle, verfügbar unter: http://www1.unisg.ch/www/edis.nsf/SysLkpByIdentifier/4117/$FILE/dis4117.pdf (Abrufdatum: 25.06.2016).

Tchibo GmbH [Tchibo Ideas Dein Design, o.J.]: Ablaufbeschreibung, realisierte Produktideen und Designnews auf Tchibo Ideas, Onlinequelle, verfügbar unter: http://www.tchibo-ideas.de/dein-design/ (Abrufdatum: 13.01.2016).

Tchibo GmbH [Tchibo Ideas Konzept, o.J.]: Konzeptbeschreibung Tchibo Ideas, Onlinequelle, verfügbar unter: http://www.tchibo-ideas.de/das-konzept/ (Abrufdatum: 15.01.2016).

Tchibo GmbH [Tchibo Ideas PDF Dein Design, o.J.]: PDF-Datei mit Informationen und Kooperationsbedingungen für Dein Design von Tchibo, Onlinequelle, verfügbar unter: http://www.tchibo-ideas.de/fileadmin/default/pdf/dein-design.pdf (Abrufdatum: 23.11.2015).

Tchibo GmbH [Tchibo Ideas PDF Hochschulkooperation, o.J.]: PDF-Datei mit Informationen und Kooperationsbedingungen für Hochschul-Kooperationen, Onlinequelle, verfügbar unter: http://www.tchibo-ideas.de/fileadmin/default/pdf/hochschulkooperationen.pdf (Abrufdatum: 23.11.2015).

Tchibo GmbH [Tchibo Ideas Startseite, 2016]: Startseite Tchibo Ideas, Onlinequelle, verfügbar unter: http://www.tchibo-ideas.de/ (Abrufdatum: 13.01.2016).

Tchibo GmbH [Tchibo Ideas Umgestaltung, 2013]: Artikel mit Zahlen und Fakten zur Umgestaltung von Tchibo Ideas, Onlinequelle, verfügbar unter: http://www.tchibo-ideas.de/tchibo-ideas-news/detail/news/48-ab-sofort-mehr-platz-fuer-euch/ (Abrufdatum: 23.11.2015).

Tenzer, E. [Warum wir kaufen, 2010]: Warum wir kaufen, was wir kaufen, in: Psychologie Heute, 37. Jg., 2010, Heft 5, S. 38-41.

Ternès, A. et al. [Konsumentenverhalten im Zeitalter der Mass Customization, 2015]: Konsumentenverhalten im Zeitalter der Mass Customization: Trends: Individualisierung und Nachhaltigkeit, Springer Gabler, Wiesbaden 2015.

Terpitz, K. [Politik der offenen Labore, 2011]: Politik der offenen Labore, Handelsblatt online vom 29.06.2011, Onlinequelle, verfügbar unter: http://www.handelsblatt.com/technik/forschung-innovation/innovationen-fairness-ist-wichtig/4335908-3.html (Abrufdatum: 20.11.2015).

The Procter & Gamble Company [C&D Einreichungsprozess, o.J.]: Innovationseinreichungsprozess- Beschreibung, Onlinequelle, verfügbar unter: http://www.pgconnectdevelop.com/home/submit_innovation5.html (Abrufdatum: 14.01.2016).

The Procter & Gamble Company [C&D Factsheet, o.J.]: Factsheet C&D – Partnering with the World to Create Greater Value, Onlinequelle, verfügbar unter: https://www.pg.com/en_US/downloads/innovation/C_D_factsheet.pdf (Abrufdatum: 02.12.2015).

The Procter & Gamble Company [C&D FAQ, o.J.]: Häufig gestellte Fragen über die Plattform C&D, Onlinequelle, verfügbar unter: http://www.pgconnectdevelop.com/home/frequently_asked_questions5.html (Abrufdatum: 13.01.2016).

The Procter & Gamble Company [C&D Startseite, 2016]: Startseite der Plattform C&D, Onlinequelle, verfügbar unter: http://www.pgconnectdevelop.com/home/home5.html (Abrufdatum: 15.01.2016).

Thivissen, P. [Inspiration, 2014]: Boten der Inspiration, in: Gehirn und Geist, Nr. 8/2014, S. 48-53.

Timpe, D. [Ergebnis der Kundenintegration, 2014]: Ergebnis der Kundenintegration – Kunden als Wettbewerber?, in: Butzer-Strothmann, K., Kundenintegration: Potential- und Perspektivenvielfalt für Unternehmen, Integrierte Unternehmensführung Band 1, Cuvillier Verlag, Göttingen 2014, S. 205-224.

trnd AG [trnd Startseite, 2016]: Startseite der Plattform trnd, Onlinequelle, verfügbar unter: http://www.trnd.com/de/ (Abrufdatum: 03.07.2016).

Trommsdorff, V., Steinhoff, F. [Innovationsmarketing, 2013], Innovationsmarketing, 2. Auflage, Verlag Franz Vahlen, München 2013.

Trommsdorff, V., Teichert, T. [Konsumentenverhalten, 2011]: Konsumentenverhalten, 8. Auflage, Kohlhammer Verlag, Stuttgart, 2011.

TÜV Austria Holding AG [TÜV Jahresbericht 2014]: Jahresbericht der TÜV Austria Holding 2014, Onlinequelle, verfügbar unter: https://www.tuv.at/tuev-austria-gruppe/wir-ueber-uns/ (Abrufdatum: 14.08.2016).

Unger, T. [Gamification, 2015]: Gamification als innovative Methode zur Datenerhebung in der Marktforschung, 2015, in: Keller, B. et al., Zukunft der Marktforschung: Entwicklungschancen in Zeiten von Social Media und Big Data, Springer Gabler, Wiesbaden 2015, S. 187-199.

Vossen, A. [Essays on External Ideation, 2013]: Essays on External Ideation: Exploring Innovative Online Consumer, Dissertation, Technischen Hochschule Aachen, Onlinequelle, verfügbar unter: http://publications.rwth-aachen.de/record/211539?ln=de (Abrufdatum: 21.11.2015).

Wagner, P. A. [Open Innovation, 2013]: Open Innovation and Organizational Alignment: A contingency analysis of external search strategies for open innovation performance, Dissertation, Technische Hochschule Aachen, Onlinequelle, verfügbar unter: http://publications.rwth-aachen.de/record/229543/?ln=de (Abrufdatum: 21.11.2015).

Weis, H. C., Steinmetz, P. [Marktforschung, 2012]: Marktforschung, Modernes Marketing für Studium und Praxis, 8. Auflage, Kiehl/NWB Verlag, Herne 2012.

Willfort, R. et al. [Crowdfunding und Crowdsourcing, 2015]: Crowdfunding und Crowdsourcing – Potenzial für den österreichischen Innovationsstandort, Onlinequelle, verfügbar unter: http://www.innovation.at/blog/2015/05/20/studie-crowdfunding-und-crowdsourcing-in-oesterreich/ (Abrufdatum: 14.07.2015).

Willfort, R, Weber, C. [Crowdpower, 2016]: The crowdpower 2.0 concept – An integrated approach to innovation that goes beyond Crowdfunding, in: Brüntje, D., Gajda O.: Crowdfunding in Europe. State of the Art in Theory and Practice. Springer, Wiesbaden 2016, S. 223-244.

Ye, H. et al. [Online Innovation Communities, 2012]: Collaboration and the Quality of UGC in Online Innovation Communities, in: Proceedings of the Academy of Management 2012 Annual Meeting (3.-7. August 2012 in Boston/Massachusetts (USA)), Onlinequelle, verfügbar unter: https://www.alexandria.unisg.ch/export/DL/221520.pdf (Abrufdatum: 21.11.2015).

Zimmermann, J. [Status und Kundenbindung, 2013]: Status und Kundenbindung, Dissertation, Universität Eichstätt-Ingolstadt, Onlinequelle, verfügbar unter: https://opus4.kobv.de/opus4-ku-eichstaett/frontdoor/index/index/docId/60 (Abrufdatum: 21.11.2015).

The manufacturer's authorised representative in the EU is Springer Nature Customer Service Centre GmbH, Europaplatz 3, 69115 Heidelberg, Germany. If you have any concerns regarding our products, please contact ProductSafety@springernature.com

Printed and bound by CPI Group (UK) Ltd, Croydon, CR0 4YY
23/03/2026
02076393-0010